Jean-Jacques Rousseau

Einsame Spaziergänge

Jean-Jacques Rousseau

Einsame Spaziergänge

ISBN/EAN: 9783743308633

Hergestellt in Europa, USA, Kanada, Australien, Japan

Cover: Foto ©Thomas Meinert / pixelio.de

Jean-Jacques Rousseau

Einsame Spaziergänge

J.J. ROUSSEAU

Vitam impendere vero

weissenhahn sc. Mon.

J. J. Rousseau's

Einsame

Spaziergänge.

Sein letztes nachgelassenes Werk.

München, 1783.

bey Johann Baptist Strobl.

Erster Spaziergang.

So bin ich denn nun allein auf der Erde; habe keinen Bruder, keinen Freund, keine Gesellschaft außer mir? Der geselligste, liebevollste der Menschen ward einmüthig verbannt. Sie sannen nach in ihrem Haß gegen mich, und suchten, welche Qual meiner empfindlichen Seele wohl die schmerzlichste seyn könnte, und sie zerrissen mit Ungestüm die Bande, die mich an sie knüpften. Ich würde die Menschen wider ihren Willen geliebt haben; sie verloren mein Wohlwollen nur dadurch, daß sie aufhörten Menschen zu seyn.

Nun

Nun sind sie mir wie Fremde, Unbekannte; ja sie sind für mich, als wären sie gar nicht, weil sie es so wollten. Aber ich, der ich nun bin losgerissen von ihnen und von allem, was bin denn ich selbst? Das muß ich nun untersuchen. Unglücklicherweise kann ich diese Untersuchung nicht anstellen, ohne vorher einen Blick auf meine Lage zu werfen; diese Betrachtung leitet mich von den Menschen auf mich selbst.

Mehr als fünfzehn Jahre befinde ich mich nun in diesem wunderbaren Zustand, und noch scheint er mir ein Traum. Es kömmt mir vor, als plagte mich eine Unverdaulichkeit, als läg ich in einem ungesunden, unruhigen Schlafe, aus welchem ich nun erwachen, und in der Gesellschaft meiner Freunde Vergessenheit meines Grams finden sollte. In der That, ich muß, ohne es zu merken, einen Sprung vom Wachen zum Schlafen oder vom Leben zum Tode gethan haben. Ich bin aus der Ordnung der Dinge gehoben, und weis nicht, wie; ich sank in ein

ein unverständliches Kahos, wo ich nichts
sehe; und je mehr ich über meinen Zustand
nachdenke, desto weniger begreif ich, wo
ich bin.

Wie konnte ich das Schicksal voraussehen,
das mein harrte? wie kann ich's izt begrei=
fen, da es ganz über mir ist? Konnte ich
mir vernünftigerweise vorstellen, daß ich, ich
derselbe Mensch, der ich war und noch bin,
einst für ein Ungeheuer, einen Vergifter,
einen Meuchelmörder gehalten, und von dem
niedrigsten Pöbel mißhandelt werden sollte;
daß einst die Vorübergehenden mich statt des
Grußes anspeien, daß eine ganze Generation
sich eine Unterhaltung daraus machen sollte,
mich lebendig zu begraben? Diese seltsame
Veränderung kam schnell und unvorgesehen
über mich, und ich ward dadurch erschüttert.
Meine innerlichen Bewegungen, mein Un=
wille stürzten mich in eine Art von Wahn=
sinn, der sich kaum in zehen Jahren verlor,
und während dieser Zeit begieng ich einen
Irrtum, einen Fehltritt, eine Unbedachtsam=

keit

keit über die andre, und so gab ich durch
meine Unbehutsamkeit den Beherrschern mei=
nes Schicksals Werkzeuge in die Hände, die
sie sehr geschickt zu brauchen wußten, um es
auf immer nach ihrer Absicht zu bestimmen.

Ich kämpfte lange eben so fruchtlos als
heftig. Ohne Geschicklichkeit, ohne Kunst,
ohne Verstellung, sondern freimüthig, offen,
ungeduldig und hitzig, wie ich war, diente
mein Kämpfen nur dazu, mich ihnen preis=
zugeben und ihrer Bosheit Waffen zu ver=
schaffen, die sie eifrig ergrif. Da ich end=
lich einsah, wie fruchtlos mein Bemühen war,
und daß ich mich selbst vergebens quälte, so
entschloß ich mich zu dem einzigen, was mir
übrig blieb: mich meinem Schicksal zu unter=
werfen, und nie mehr gegen die Nothwen=
digkeit zu sträuben. Dieser Entschluß ersezte
mir alles, was ich ausgestanden hatte, durch
die Ruhe, die er mir gab, und die nie mit
den Mühseligkeiten eines fruchtlosen Wider=
derstands hätte bestehen können.

Noch

Noch ein Umstand trug zu dieser Ruhe vieles bei. So fein meine Verfolger ihre Bosheit ausgesonnen hatten, so vergaßen sie doch etwas aus allzugroßem Eifer; sie ließen ihren Haß nicht stufenweise auf mich wirken, und so verloren sie den Vortheil, meine Leiden immer zu unterhalten und durch frische Anfälle zu erneuern. Wären sie so geschickt gewesen, mir einen Schimmer von Hofnung zu lassen, so hielten sie mich noch von dieser Seite fest. Sie könnten mir noch eben so mitspielen, wenn sie mir eine täuschende Hofnung vorhielten, denn meine betrogene Erwartung gäb mir immer neue Marter; aber so haben sie ihre ganze Erfindung erschöpft; sie nahmen sich selbst alles, da sie mir nichts übrig ließen. Die Verläumbung, Unterdrückung, Spott und Beschimpfung, womit sie mich überhäuften, können weder vergrößert noch gemildert werden. Sie waren so eifrig, das Maaß meines Elends vollzumachen, daß wir nun beiderseits außer Stande sind, sie, mein Unglück zu vergrößern, ich, mich zu retten; die ganze Macht der Menschen, von

der

der ganzen Arglist der Hölle unterstützt, könnte
nichts mehr hinzusetzen. Selbst der physische
Schmerz würde meine Leiden nicht vergrös=
sern, sondern nur verändern; wenn ich viel=
leicht schreien müßte, so dürfte ich nicht seuf=
zen; so lange mein Leib zerfleischt würde,
hätte mein Herz Ruhe.

Was hab ich nun noch von ihnen zu be=
sorgen, nachdem alles geschehen ist? Da sie
meine Lage nicht verschlimmern können, so
darf ich sie nicht mehr fürchten. Unruhe und
Schrecken sind Uibel, deren sie mich auf im=
mer entledigt haben; das ist gewiß Trost.
Ein wirkliches Uibel peinigt mich nicht so
sehr; was gegenwärtig ist, dulde ich mit
Entschlossenheit, aber nicht das zukünftige.
Meine Einbildungskraft sieht das zukünftige
Unglück in einer schrecklichern Gestalt. Die
Erwartung ist mir weit schmerzlicher, als die
Gegenwart; die Drohung ist mir fürchter=
licher, als der Schlag. Sobald ein Uibel da
ist, so verliert es alles, was die Phantasie
ihm gegeben hatte, und es erscheint in seiner
wahren

wahren Größe. Ich finde es alsdann weniger schrecklich, als ich es mir eingebildet hatte, und selbst im Leiden fühl' ich Trost. In einem solchen Zustand, wenn keine Unruhe, keine Furcht mich quält, keine Hofnung mich täuscht, kann die bloße Gewohnheit mir einen Schmerz, der nicht mehr zu vergrößern ist, täglich erträglicher machen, und da seine Dauer meine Empfindung allmählich schwächt, so können sie ihn nicht erneuern. Dieß hab ich meinen Verfolgern zu danken, die alle Pfeile ihres Grolls gegen mich verbraucht haben. Sie beraubten sich selbst aller Gewalt über mich, und ich kann in Zukunft ihrer lachen.

Erst seit zween Monaten ist die völlige Ruhe in meinem Herzen wieder hergestellt. Ich fürchtete schon lange nichts mehr, aber ich hofte noch, und diese Hofnung, die bald getäuscht, bald vereitelt wurde, war schuld, daß tausend verschiedene Leidenschaften mein Herz bestürmten. Ein trauriger unvorgesehener Zufall hat endlich diesen schwachen Stral von

von Hofnung aus meinem Herzen getilgt und
mir mein Schicksal gezeigt, wie es unabän=
derlich hienieden festgesezt ist. Von dieser Zeit
an hab ich mich gänzlich entschlossen, und die
Ruhe wiedergefunden.

Sobald ich anfieng, das Gewebe ganz
einzusehen, so vergieng mir der Gedanke auf
immer, dem Publikum eine andre Meinung
von mir beizubringen; zu was hätte mir
auch diese Erkenntniß, diese Rückkehr genüzt,
da sie nicht mehr gegenseitig seyn konnte?
umsonst würden die Menschen wieder zu mir
kehren wollen; sie würden mich nicht wieder
finden. Bei dieser Denkart, die sie mir von
sich eingeflößt haben, würde mir ihr Umgang
unschmackhaft, selbst lästig seyn; und ich bin
in meiner Einsamkeit weit glücklicher, als ich
in ihrer Gesellschaft seyn würde. Sie haben
alle süße gesellschaftliche Gefühle aus mei=
nem Herzen gerissen, und sie könnten in mei=
nem Alter nicht wieder in mir erwachen; es
ist zu spät. Ob sie mir in Zukunft Guts
oder Leids zufügen, von ihrer Seite ist mir
alles

alles gleichgültig; und wie sie auch immer
gegen mich handeln, so ist die gegenwärtige
Generation nichts für mich.

Aber auf die Zukunft vertraute ich, und
hofte, daß eine bessere Nachkommenschaft die
Urtheile und das Betragen der izt Lebenden
gegen mich genauer untersuchen, und die
Kunstgriffe derjenigen aufdecken würde, welche
diese Urtheile und dieß Betragen lenken, und
daß ich so einst für das gelten würde, was
ich bin. In dieser Hofnung schrieb ich meine
Dialogen, und that tausend thörichte Ver=
suche, sie auf die Nachwelt zu bringen. Diese
Hofnung, so fern sie auch war, erhielt meine
Seele in eben einer solchen Bewegung, als
wenn ich noch ein gutes Herz in dieser Zeit
suchte. Ich habe in meinen Dialogen gesagt,
auf was ich diese Erwartung gründete; aber
ich irrte und nahm es glücklicherweise eben zei=
tig genug wahr, um vor meinem Ende noch
einer vollkommenen Ruhe und Zufriedenheit
genießen zu können. Dieser Zustand begann
bei der Epoche, von der ich rede, und ich darf
glau=

glauben, daß er nicht mehr unterbrochen werden soll.

Es vergeht beinahe kein Tag, an welchem ich nicht durch neue Betrachtungen einsehe, wie sehr ich mich irrte, als ich glaubte, das Publikum könnte eine andre Meinung von mir faßen; auch im folgenden Zeitalter wird das nicht geschehen: denn es wird in allem, was mich betrift, durch Führer gelenkt, die sich immer erneuern. Einzelne Menschen sterben, aber ganze Stände sterben nicht, und von solchen bin ich verfolgt. Die nämlichen Leidenschaften leben ewig in ihnen, und ihr brennender Haß, unsterblich wie der Dämon, der ihn einhauchte, behält immer seine Thätigkeit. Wenn alle meine Privatfeinde todt seyn werden, so leben die Aerzte und Oratoren noch; und hätte ich nur diese beiden Stände zu Feinden, so ist nichts gewißer, als daß sie nach meinem Tode mein Andenken eben so wenig ruhen laßen werden, als meine Person bei meiner Lebzeit. Die Aerzte, die ich wirklich beleidigt habe, können vielleicht

leicht mit der Zeit einmal ruhig werden; aber
die Oratoren, die ich liebte, die ich hochschäz=
te, denen ich mein ganzes Vertrauen schenkte,
die ich nie beleidigt habe, die Oratoren, als
Geistliche, Halbmännchen werden immer un=
versöhnlich seyn. Ihre eigene Bosheit macht
mein Verbrechen, das mir ihre Eigenliebe
nie verzeihen wird, und das Publikum, des=
sen Feindseligkeit sie immer unterhalten und
anfeuern werden, wird sich eben so wenig mit
mir aussöhnen. Für mich ist alles auf dieser
Erde geendet. Es kann mir da weder wohl
noch wehe geschehen. Ich habe nichts mehr
zu hoffen und nichts mehr zu fürchten, und
so bin ich ruhig im Abgrund. Ein armer,
unglücklicher Mensch, aber leidenfrei, wie
Gott selbst.

Alles, was außer mir ist, ist mir von nun
an fremd. Ich habe in dieser Welt weder
Nächsten noch Brüder. Ich bin auf der Erde,
als wär ich auf einen unbekannten Planeten
gefallen. Was ich um mich sehe, betrübt
oder schmerzt mich; und wend ich mein Aug

auf

auf die Gegenstände, die mich! umgeben, so
reizen sie entweder meinen Unwillen oder
meine Betrübniß. Ich will also meinen Geist
nicht mehr mit unangenehmen und unnützen
Dingen beschäftigen. Da ich in Einsamkeit
mein Leben beschließen werde, weil ich in mir
allein Trost, Hofnung und Friede fand: so
will ich mich hinführo auch nur mit mir allein abgeben. In diesem Zustand fahre ich
mit jener strengen und aufrichtigen Untersuchung meiner selbst fort, die ich vordem
meine Bekenntnisse nannte. Ich widme
meine lezten Tage der Erforschung meiner
selbst, und entwerfen vorläufig die Rechen-
schaft, welche ich bald von mir geben muß.
Ich will mich ganz dem süßen Umgang mit
meiner Seele überlassen: denn sie ist das einzige, was mir die Menschen nicht nehmen
konnten. Wenn ich durch die Betrachtungen
über meinen innern Zustand dahin gelange,
daß ich ihn besser ordnen und von dem Uibel,
das noch da seyn könnte, reinigen kann, so
sind meine Betrachtungen nicht gänzlich unnütz; und ob ich gleich auf der Erde zu nichts
mehr

mehr tauge, so sind meine lezten Tage für
mich doch nicht ganz verloren. In der Muße
meiner täglichen Spaziergänge hatte ich oft
gute Gedanken, die ich bedaure vergessen zu
haben. Ich will diejenigen, welche mir hin=
führo kommen werden, niederschreiben, so
werde ich ihrer oft durchs wiederlesen genief=
sen; ich werde mein Unglück, meine Verfol=
ger, meine Schande vergessen über dem Ge=
danken an den wahren Werth meines Herzens.

Diese Blätter sind nichts, als ein unförm=
liches Tagebuch meiner Betrachtungen. Die
Rede ist meistens von mir; von was kann
ein nachdenkender Einsiedler sich mehr unter=
halten, als von sich selbst? Doch soll auch
jede fremde Idee, die mir etwa durch den
Kopf fährt, eine Stelle bekommen. Ich
werde meine Gedanken schreiben, wie sie kom=
men, mit eben so wenig Verbindung, als die
Ideen des Morgens mit jenen des Abends
untereinander zu haben pflegen. Aber die
Erkenntniß meiner Empfindungen und Gedan=
ken, von welchen sich mein Geist in diesem

Zustand

Zuſtand täglich nährt, wird mich auf eine neue Erkenntniß meines Naturells und Humors leiten. Dieſe Blätter können alſo als ein Anhang zu meinen Bekenntniſſen betrachtet werden; ich gebe ihnen den Namen nicht, weil ich eigentlich nichts mehr zu bekennen habe. Mein Herz ward gereinigt in Widerwärtigkeit; und blick' ich auch in ſeine tiefſte Falte, ſo finde ich keine tadelhafte Neigung mehr, jede irdiſche Bewegung iſt in ihm getödtet: was ſoll ich noch zu bekennen haben? Ich kann mich eben ſo wenig loben, als tadeln; ich bin hinfüro Nichts unter den Menſchen, denn ich ſtehe in keinem wahren Verhältniß und Umgang mit ihnen. Da ich nicht mehr im Stande bin, etwas Gutes zu thun, aus dem nicht ein Uibel entſtehe; da ich nicht mehr thätig ſeyn kann, ohne andern oder mir ſelbſt zu ſchaden, ſo iſt Enthalten meine einzige Pflicht geworden, und ich erfülle ſie ſo genau ich kann. Aber bei dieſer körperlichen Unthätigkeit iſt meine Seele doch immer beſchäftigt; ſie bringt noch Empfindungen und Gedanken hervor, und ihr inneres

moras

moralifches Leben ſcheint durch's Hinſterben
jeder irdiſchen Theilnehmung geſtärkt zu ſeyn.
Mein Leib iſt nur ein Hinderniß für mich,
deſſen ich mich zum Voraus ſo viel möglich
zu entläſtigen ſuche.   -

Eine ſo ſonderbare Lage verdient gewiß
erforſcht und beſchrieben zu werden, und hiezu
will ich meine lezten Tage verwenden. Ich
ſollte mit künſtlicher Methode zu Werke gehen,
aber zu einer ſolchen Arbeit bin ich nicht mehr
im Stande, und ſie würde mich auch von
meinem Zweck entfernen: denn ich will die
Modifikationen meiner Seele, und wie ſie
in ihr erfolgten, bekannt machen. Beinahe
eben ſolche Verſuche, vermittels deren die
Naturforſcher den täglichen Zuſtand der Luft
zu erkennen trachten, will ich mit mir vor-
nehmen. Ich will meine Seele wie nach dem
Barometer prüfen, und dieſe Verſuche werden
durch zweckmäßige Richtung und öftere Wie-
derholung mir eben ſo ſichere Reſultate ver-
ſchaffen. Aber ſo weit geht meine Abſicht
nicht. Ich will blos ein Regiſter über die

Wirkungen halten, ohne sie in ein System
zu bringen. Ich unternehme das nämliche,
was Montagne that, aber mit einem ganz
entgegengesezten Endzweck: denn er schrieb
seine Versuche nur für andre, und ich schreibe
meine Reverien nur für mich. Wenn ich
mich gegen das Ende meines Lebens noch in
eben der Fassung, wie jezt, befinde, so werde
ich beim Durchlesen dieser Blätter das näm=
liche Vergnügen empfinden, welches mir das
Schreiben gewährt, und in dem ich gleichsam
die Vergangenheit zurückrufe, werde ich mei=
nes Daseyns zweifach genießen. Den Men=
schen zum Troz werde ich mich einer Gesell=
schaft freuen; ich werde als ein alter Mann
mit mir selbst, wie mit einem jüngern Freunde,
leben.

Ich schrieb meine ersten Bekenntnisse
und meine Dialogen in einer immerwähren=
den Sorge, wie ich sie vor den räuberischen
Händen meiner Verfolger bewahren, und
wo möglich, auf die Nachwelt bringen könnte.
Bei dieser Schrift plagt mich jene Unruhe
nicht,

nicht, denn sie wär sehr überflüßig; und da
das Verlangen von den Menschen besser gekannt zu seyn, gänzlich aus meinem Herzen
verbannt ist, so bin ich völlig gleichgültig
über das Schicksal meiner ächten Werke und
der Denkmäler meiner Unschuld, die vielleicht
schon izt auf immer vernichtet sind. Man
mag erfahren, was ich thue; man mag sich
beunruhigen wegen dieser Schrift, man mag
sie mir entreissen, unterdrücken, verfälschen,
alles ist mir gleichviel. Ich verberge sie
nicht, und zeige sie nicht. Wenn man mir
sie bei meiner Lebzeit raubt, so kann man mir
doch das Vergnügen nicht rauben, sie geschrieben zu haben, auch nicht die Erinnerung
ihres Inhalts, und eben so wenig jene einsame Betrachtungen, deren Frucht sie ist, und
deren Quelle nur mit meinem Leben versiegen
kann. Hätte ich gleich beim Anfang meiner
Widerwärtigkeiten mich in die Nothwendigkeit
fügen, und meinen gegenwärtigen Entschluß
fassen können, so würden alle Anfälle meiner
Feinde, alle ihre fürchterlichen Unternehmun-
gen gegen mich ohne Wirkung geblieben seyn,

B 3 und

und meine Ruhe würde eben so wenig durch ihre Anschläge gelitten haben, als sie izt leidet durch ihren Sieg. Sie mögen sich freuen in meiner Schande; ich freue mich ungestört in meiner Unschuld und beschließe mein Leben in Ruhe.

Zwei

Zweiter Spaziergang.

Da ich mir nun vorgenommen habe, den habituellen Zustand meiner Seele in der wunderbarsten Verfassung, worinn sich jemals ein Mensch befinden kann, zu beschreiben, so fand ich keine leichtere und zuverläßigere Art, dieß zu bewerkstelligen, als wenn ich ein getreues Register hielt über meine einsame Spaziergänge und über die Betrachtungen, die ich dabei anzustellen pflege, wenn mein Kopf frei ist, und meine Ideen ohne Zwang und Widerstand ihrem Lieblingsgang folgen können. Diese Stunden der Einsamkeit und des Nachdenkens sind die einzigen des Tages, wo ich ganz Ich und ganz Mein bin, ohne Zerstreuung, ohne Hinderniß, und

wo

wo ich in der That sagen kann, daß ich bin,
was die Natur will, daß ich seyn soll.

Ich hab bald empfunden, daß ich mit
diesem Vorsatz zu lange gewartet habe. Meine
Einbildungskraft, weniger lebhaft als sonst,
entflammt sich nicht mehr in der Betrachtung
ihres Gegenstandes; ich fühle mich nicht
mehr so berauscht in der Fülle meiner Phan-
tasien. Die schöpferische Kraft ist erloschen, und
nur Erinnerung bleibt in mir; ein allmäliches
Erschlaffen schwächt meine Seelenkräfte, der
Geist des Lebens nimmt in mir ab; meine
Seele schwingt sich nur noch mit Mühe aus
ihrer morschen Hülle, und ohne die Hofnung
jenes künftigen Zustands, auf welchen ich
Anspruch zu haben fühle, würde ich blos in
der Erinnerung leben. Um nun mich selbst
zu erforschen, muß ich wenigstens einige
Jahre und auf jenen Zeitpunkt zurückgehen,
da ich alle Hofnung hienieden verlor, keine
Nahrung mehr für mein Herz auf der Erde
fand, und mich nach und nach daran gewöhnte, meinen Geist von sich selbst zu unterhalten.

Diese

Diese innre Quelle, die ich zu spät ent=
deckte, ward in kurzem so reichhaltig, daß sie
mir alles ersezte. Die Gewohnheit, in mich
selbst zurückzukehren, tilgte endlich die Em=
pfindung und beinahe selbst die Erinnerung
meiner Leiden; so lernte ich durch eigne Er=
fahrung, daß die Quelle des wahren Glückes
in uns selbst ist, und daß keine irdische Macht
im stande ist, einen Menschen wahrhaft un=
glücklich zu machen, der da weis, glücklich
seyn zu wollen.

Seit vier oder fünf Jahren genieße ich
nun dieser innerlichen Freuden, die jede lie=
bende, sanfte Seele in der Betrachtung findet.
Diese Entzückungen, die meine einsame Spa=
ziergänge mir gewähren, hab ich meinen Ver=
folgern zu danken: ohne sie hätte ich nie die
kostbaren Schätze gefunden, die ich in mei=
nem Busen trug. Es ist schwer, über so viele
Reichthümer ein genaues Verzeichniß zu hal=
ten. Wenn ich meine vormaligen süßen Träu=
mereien in mein Gedächtniß zurückrufen will,
so träum' ich wieder. Dieß ist eine Gemüths=

B 5   ver=

verfaſſung, die durch die Erinnerung wieder
von neuem hervorgebracht wird, und die man
nicht mehr kennen würde, wenn man ſie
nicht mehr empfände.

Ich erfuhr dieß bei den Spaziergängen,
die ich nach dem Entſchluß, meine Bekennt;
niſſe fortzuſetzen, anſtellte; beſonders aber
bei demjenigen, wovon ich izt reden will. Ein
Zufall unterbrach und änderte den Gang mei;
ner Ideen.

Am 24ſten Oktober 1776 gieng ich Nach;
mittag längſt dem Bonlevard hin bis zur
Chemin = Verdſtraße, durch welche ich auf
die Höhe von Menil;Montant ſtieg, und von
da folgte ich den Fußſteigen durch die Wein;
gärten und Wieſen bis nach Charonne: dann
nahm ich einen Umweg, um von einer andern
Seite wieder über die Wieſen zu kommen.
Ich wanderte durch dieſe herrlichen Gegenden
mit dem Vergnügen, das ich ſtets beim Ans
blick ſchöner Situationen gefühlt habe, und
blieb manchmal ſtehen um Pflanzen zu be;
trach;

trachten. Ich fand deren zwo, die ich selten
um Paris fand, hier aber in Menge. Die
eine ist Pieris hieracloïdes von der zusam-
mengesezten Gattung; die andre Bupleurum
falcatum von den Ombelliferen. Diese Entdeckung freute mich ungemein; bald darauf
fand ich eine noch seltnere Pflanze, besonders
in erhabnen Gegenden, nämlich den cera-
stium aquaticum, den ich, ohngeachtet des
Zufalls, der mich an diesem Tage betraf, in
einem Buche, das ich bei mir hatte, hernach
gefunden und in meiner Pflanzensammlung
aufbewahrt habe.

Da ich endlich noch viele andere Pflanzen, die izt blühten, beobachtet, und mich an
ihrem Anblick und ihrer Eintheilung ergözt
hatte, so gab ich nach und nach diese Unterhaltung auf, und überließ mich dem eben so
angenehmen aber weit rührendern Eindruck,
den das Ganze auf mich machte. Seit einigen Tagen war man mit der Weinlese fertig;
die Spaziergänger aus der Stadt ließen sich
nicht mehr sehen, auch die Landleute verließen
das

das Feld bis zur Winterarbeit. Die Flur war noch grün und lachend, aber zum Theil entblättert und beinahe verlaffen; überall erblickte man das Bild der Einfamkeit und des kommenden Winters. Hieraus entstand ein vermifchter Eindruck von Wolluft und Traurigkeit, der zu viel mit meinem Alter und meiner Lage übereinftimmte, als daß ich ihn nicht ganz auf mich beziehen follte. Ich fah mich nicht fern vom Ende eines unfchuldigen und unglücklichen Lebens, meine Seele noch voll lebhafter Empfindungen, meinen Geift noch mit einigen Blumen verziert, die aber Betrübniß verwelkt hatte. Einfam und verlaffen fühlte ich die erfte Kälte des Alters, und meine öde Einbildungskraft fchuf keine Wefen mehr nach meinem Herzen, um meine Einfamkeit damit zu bevölkern. Seufzend fprach ich zu mir: was that ich hienieden? zum Leben ward ich geboren, und ich sterbe, ohne gelebt zu haben. Doch es war nicht meine Schuld, und bring ich gleich dem Urheber meines Dafeyns keine gute Thaten hin, weil man mich keine thun ließ; fo bring' ich ihm

doch

doch gute Abſichten, gute, wiewohl unwirk=
ſame Empfindungen und eine Geduld, die
jede Prüfung beſtand. Ich ward gerührt bei
dieſen Gedanken, ich ſann den Bewegungen
meiner Seele nach in meiner Jugend, in mei=
nem reifen Alter, ſeit dem man mich aus
der Geſellſchaft verbannt hat, und während
der langen Einſamkeit, in der ich mein Leben
beſchließen muß. Auch über die Bewegungen
meines Herzens ſann ich nach, über ſeine ſo
zärtliche aber blinde Neigungen; über die
mehr tröſtliche als betrübte Ideen, von wel=
chen ſich mein Geiſt ſeit einigen Jahren nähr=
te, und ich erinnerte mich deren ſo lebhaft,
daß ich ſie mit eben der Wolluſt hätte beſchrei=
ben können, mit welcher ich mich ihnen über=
laſſen hatte. So brachte ich meinen Nach=
mittag in ſtillen Betrachtungen zu, und war
ſehr zufrieden damit, als ich mitten in mei=
nem Nachdenken durch folgenden Zufall ge=
ſtört wurde.

Gegen 6 Uhr befand ich mich auf der
Abſeite von Menil=Montant, beinahe gerade
gegen

gegen dem Galant Jardinier über, als einige
Personen, die vor mir hergiengen, plötzlich
auf die Seite sprangen. Ich sah' einen
großen dänischen Hund vor einem Wagen
gegen mich anrennen; er hatte nicht Zeit, als
er mich erblickte, im vollen Lauf einzuhalten,
und ich dachte, das einzige Mittel, meinen
Umsturz zu verhüten, wäre, einen Sprung in
die Höhe zu thun, und zwar so genau, daß
der Hund unter mir wegspränge, während ich
in der Luft schwebte. Diese Idee, welche
schnell, wie ein Blitz kam, und die ich nicht
ausführen konnte, war die lezte vor meinem
Fall. Ich fühlte weder den Stoß des Hun-
des, noch meinen Sturz, und nichts von alle
dem, was weiter vorgieng, bis ich wieder zu
mir kam.

Dieß erfolgte erst, da es bald Nacht war.
Ich befand mich in den Armen vier junger
Leute, die mir den ganzen Vorfall erzählten.
Der dänische Hund war in vollem Lauf wider
meine Beine angerennt. Diesem heftigen und
geschwinden Stoß konnte mein Körper nicht
wider-

widerstehen, und ich schlug vorwärts zu Boden. Die obere Kinnlade, auf welche das Gewicht meines ganzen Körpers kam, fiel auf ein holperichtes Steinpflaster, und der Fall war um so stärker, weil es bergab gieng, und mein Haupt tiefer als meine Füße zu liegen kam.

Der Wagen, zu welchem der Hund gehörte, kam gleich nach, und würde unfehlbar über mich gegangen seyn, wenn der Kutscher nicht die Pferde eingehalten hätte. Dieß erzählten mir die Leute, welche mich aufgehoben hatten, und mich noch hielten, als ich zu mir kam. Die Fassung, in der ich mich in diesem Augenblick befand, ist zu merkwürdig, als daß ich sie hier nicht beschreiben sollte.

Die Nacht kam heran. Ich erblickte den Himmel, einige Sterne und Grünes um mich. Dieser erste Gebrauch meiner Sinne war Wolluft; nur hierinn fühlte ich mich. Ich ward in diesem Augenblick zum Leben geboren, und es kam mir vor, als füllte ich mit meiner
leich=

leichten Exiſtenz alle Gegenſtände, die ich um
mich ſah. Ganz voll vom Gegenwärtigen
erinnerte ich mich an nichts; ich hatte keinen
deutlichen Begrif von meinem Ich, und nicht
die geringſte Idee von dem, was mit mir vorgegangen war. Ich wußte nicht wer, nicht
wo ich war; fühlte weder Schmerz, noch
Furcht, noch Unruhe. Ich ſah mein Blut
fließen, wie ich einen Bach hätte fließen
geſehen, und dachte gar nicht, daß dieß Blut
von mir ſey. Durch mein ganzes Weſen
ſchwebte ein ruhiges Entzücken, mit welchem
ich, wenn ich noch dran denke, keine ſinnliche
Wolluſt zu vergleichen finde.

Man fragte mich nach meiner Wohnung;
es war mir nicht möglich, es zu ſagen. Ich
fragte, wo ich wär; man ſagte mir, auf
Haute Borne. Das war mir gerade, als
hätte man geſagt, auf dem Berg Atlas. Ich
mußte mich nach und nach erkundigen nach
dem Lande, der Stadt, dem Viertel, wo ich
mich befände. Auch das brachte mich noch
nicht zur Erkenntniß; ich mußte von da bis
zum

zum Boulevard gehen, dann erst konnte ich
mich meiner Wohnung und meines Namens
besinnen. Ein Herr, den ich nicht kannte,
hatte die Güte, mich ein Stück Weges zu
begleiten; er hörte, daß meine Wohnung weit
entlegen war, und rieth mir, beim Temple
ein Fiacre zu nehmen. Ich gieng aber sehr
gut und leicht, fühlte weder Schmerz noch
Wunde, wiewohl ich immer viel Blut aus-
spie. Ein kaltes Zittern ergrif mich, und
machte meine losen Zähne auf eine unangenehme Art klappern. Als ich beim Temple
ankam, hielt ichs für besser, meinen übrigen
Weg zu Fuß zurück zu legen, als in einem
Fiacre zu erfrieren. So machte ich noch die
halbe Stunde vom Temple zur Platrierestraße
zu Fuß; ich gieng ohne Mühe, vermied das
Gedräng und die Wagen, wählte meinen Weg,
so gut, als wenn ich vollkommen gesund gewesen wäre. Ich komme nach Hause, öfne
die Thür, steige im Dunkeln die Treppe hin-
auf, und gehe in mein Zimmer. Auch hier
nahm ich meines Falls und seiner Folgen
kaum wahr.

C   Das

Das Geschrei meiner Frau, als sie mich erblickte, brachte mich erst auf die Vermuthung, daß ich wohl schlimmer zugerichtet seyn müßte, als ich dachte. Ich brachte die Nacht zu, ohne zu wissen, oder zu fühlen, was mir fehlte. Am andern Tag aber fand ich, daß meine Oberlippe innerhalb bis zur Nase gespaltet war; aussenher war sie von der Haut bedeckt, und dadurch eine gänzliche Trennung verhindert. An der obern Kinnlade waren vier Zähne eingeschlagen, und dieser ganze Theil des Gesichts sehr geschwollen; der rechte Daume war zerdrückt und sehr dick, der linke sehr verwundet. Der linke Arm war zerquetscht, das linke Bein war auch sehr geschwollen, und ich konnte es vor Schmerzen nicht biegen. Bei allem dem war nichts gebrochen, und das schien ein Wunderwerk bei einem solchen Fall.

Dieß ist eine getreue Erzählung des Zufalls. In wenig Tagen verbreitete sich die Geschichte durch ganz Paris, aber so verändert und verstellt, daß man nichts mehr daran

daran erkennen konnte. Ich hätte das wohl
vorausseben können, aber man hatte so viel
seltsame Umstände, so viel dunkle Vermuthungen hinzugesezt; man redete mir davon
mit einer so lächerlichen Zurückhaltung, daß
diese Geheimnisse mich beunruhigten. Die
Finsternisse hasse ich, sie flößen mir ein Schrecken ein, das sich durch die vieljährige Nothwendigkeit im Dunkeln zu leben nicht ver-
mindert hat. Von den Merkwürdigkeiten
dieser Epoche will ich nur eine daherfeßen.

M. * * *, mit dem ich nie die mindeste
Bekanntschaft gehabt hatte, sandte seinen
Sekretär, um sich nach meinen Umständen
zu erkundigen, und mir seine Dienste anzu-
bieten, die mir aber in meinem gegenwärtigen Zustand wenig nützlich zu seyn schienen.
Der Sekretär gab sich alle Mühe, mich dahin
zu überreden, daß ich diese Anerbietung nicht
ausschlagen möge, und sagte mir, daß ich
selbst an den Herrn * * * schreiben sollte,
wenn ich in seinen Auftrag kein Vertrauen
sezte. Diese Zudringlichkeit und die vertrau-
liche

liche Miene, mit der er das alles sagte, ließ=
sen mich begreifen, daß ein Geheimniß dar=
unter stecke, welches ich umsonst zu errathen
trachtete. Das war genug, um mich aus
meiner Fassung zu bringen, besonders bei der
Bewegung, in welche mich jener Fall und
das dazugekommene Fieber gesezt hatte. Tau=
send traurige Vermuthungen beunruhigten
mich; ich stellte über alles, was um mich
her geschah, solche Bemerkungen an, die eher
einen fieberhaften Wahnsinn, als die Kalt=
blütigkeit eines Mannes, den nichts mehr
kümmert, verriethen.

Noch ein andres Ereigniß kam meine Ruhe
vollends zu verscheuchen. Madame * * *
hatte mich schon seit einigen Jahren gesucht,
und ich konnte nicht errathen, warum. Kleine
affektirte Geschenke, öftere langweilige Besuche
ließen mich wohl merken, daß sie eine Absicht
hatten, aber sie zeigten mir nicht, welche.
Sie hatte mir von einem Roman gesagt, den
sie schreiben wollte, um ihn der Königinn zu
überreichen; ich entdeckte ihr frei, was ich

von

von den Schriftstellerinnen halte. Sie gab mir zu verstehen, daß sie bei diesem Vorhaben keine andre Absicht habe, als ihren Glücks: umständen wieder aufzuhelfen, wozu sie Protektion nöthig hätte; dagegen konnte ich nun nichts einwenden. Einige Zeit nachher vertraute sie mir ihren Entschluß, ihr Buch drucken zu lassen, weil es ihr unmöglich gewesen wäre, zur Königinn zu gelangen. In diesem Fall konnte ich ihr nicht mehr rathen, auch verlangte sie's nicht, und sie würde meinem Rath nicht gefolgt haben. Sie wollte mir vorher das Manuscript zu lesen geben; allein ich bat sie, es nicht zu thun, und dabei blieb's.

An einem schönen Tage, während meiner Genesung, erhielt ich das Buch ganz gedruckt und eingebunden, und in der Vorrede las ich so grobe, ungereimte, übelangebrachte Lobeserhebungen von mir, daß ich darüber recht unmuthig ward. Diese falsche Schmeichelei kann mit keinem innern Wohlwollen bestehen; darinn betrog sich mein Herz nie.

Einige

Einige Tage nachher erhielt ich einen Beſuch von Madame * * * und ihrer Tochter. Sie ſagte mir, daß ihr Buch viel Aufſehens mache, und das blos wegen einer Note. Als ich das Werk flüchtig durchlas, hatte ich dieſe Note kaum wahrgenommen. Nachdem Madame * * * weg war, las ich ſie noch einmal, unterſuchte ihre Wendung und ihren Sinn, und glaubte den Beweggrund jener öftern Beſuche und des ungereimten Lobes in der Vorrede darinn zu finden. Alles das ſchien mir in der Abſicht geſchehen zu ſeyn, um das Publikum auf die Vermuthung zu bringen, als habe ich jene Note geſchrieben, und folglich den Tadel verdient, den ſie ihrem Verfaſſer bei den Umſtänden ihrer Bekanntmachung zuziehen konnte.

Ich hatte kein Mittel, dieſes Gerücht und den Eindruck, den es machen konnte, zu vernichten; alles, was ich thun konnte, beſtand darinn, daß ich dieſer Meinung des Publikums ihren Grund dadurch benehme, wenn ich die fernere, eitle und beleidigende Beſuche

der

der Madame * * * und ihrer Tochter nicht
mehr dulbete. In dieser Absicht schrieb ich
ihr dieß Billet:

„Da Rousseau keinen Schriftsteller in sei=
„nem Hause empfängt, so dankt er der Ma=
„dame * * * für ihre Höflichkeit, und bittet
„sie, ihn mit keinem Besuche mehr zu be=
„ehren.“

Sie antwortete mir in einem Briefe, der
sehr verbindlich aussah, im Grunde aber die
nämliche Wendung hatte, wie alle andre
Briefe, die ich in ähnlichen Fällen erhielt.
Ich hatte grausamerweise einen Dolch in ihr
empfindsames Herz gestoßen, und wie ihr
Brief mir wollte glauben machen, sie konnte
diesen Bruch unsrer Freundschaft nicht über=
leben. So sind Redlich= und Offenherzigkeit
häßliche Verbrechen in der Welt, und ich
scheine meinen Zeitgenossen boshaft und un=
gesittet, weil ich die schwere Sünde begehe,
nicht so falsch und treulos zu seyn, als sie.

Ich

Ich war schon einigemale ausgegangen, auch schon oft in die Tuillerien, als ich an dem Erstaunen derer, die mir begegneten, wahrnahm, daß noch ein andres Gerücht auf meine Rechnung herumgehen müsse, von welchem ich nichts wüßte. Endlich hörte ich, daß man mich öffentlich todt sagte. Diese Neuigkeit verbreitete sich so geschwind und mit so viel Gewißheit, daß man vierzehen Tage, nachdem ichs erfahren hatte, bei Hofe davon sprach, als von einer ausgemachten Sache. Der Courier von Avignon verkündete dieses glückliche Ereigniß, und machte sich die Gelegenheit zu Nutze, das Publikum zum Voraus mit jenen Schmähungen zu belustigen, die man nach meinem Tod für mein Andenken, statt einer Leichenrede, bereit hält.

Auf diese Neuigkeit folgte ein andrer noch sonderbarer Umstand, den ich nur von ohngefähr entdeckte, und nie so ganz erfahren konnte. Man kündigte eine Subscription an auf den Druck der Werke, die man bei mir finden würde. Daraus erkannte ich, daß man

man schon eine Sammlung fabricirter Schriften im Vorrath habe, die man gleich nach
meinem Tode auf meinen Namen herausge-
ben würde. Denn, daß man eine von denen,
die man wirklich finden möchte, getreulich
bekanntmachen werde, das konnte ein kluger
Mann nach einer fünfzehenjährigen Erfahrung
nicht denken.

Diese Bemerkungen, und viele andre eben
so wunderbare, die ich nacheinander machte,
schreckten meine Einbildungskraft wieder auf;
und die Finsternisse, die man immer um mich
her verbreitete, erweckten jene natürliche Furcht
in mir von neuem. Ich ermüdete durch Nach-
sinnen über diese Vorfälle, und wollte die
Geheimnisse durchblicken, die man für mich
unauflösbar gemacht hatte. Das einzige Resultat aller dieser Räthsel war die Bekrafti-
gung meiner vorhergehenden Schlüsse, nämlich, daß das Loos meiner Person und meines
Namens nun einmüthig von der ganzen gegenwärtigen Generation bestimmt sei, und
daß ich mich demselben nicht entziehen könn-

te,

te, weil es nicht möglich ist, eine Schrift auf die Nachwelt zu bringen, ohne sie izt Händen anzuvertrauen, die nur bereit sind, sie zu unterdrücken.

Aber dießmal gieng ich weiter. Das Zusammentreffen so vieler Umstände, die Erhebung meiner ärgsten Feinde; alle, die am Ruder des Staats sitzen; alle, die die Meinungen des Publikums lenken; alle Leute von Ansehen und Stand, zusammenverschworen mit denen, welche einen geheimen Groll wider mich haben, hälfen das allgemeine Komplot verstärken. Diese Einstimmung war zu außerordentlich, als daß sie das Werk des Ohngefährs hätte seyn sollen. Ein einziger Mensch, der sich nicht dazu verstanden hätte, ein einziges widriges Ereigniß, ein einziger hinderlicher Umstand würde den ganzen Anschlag vereitelt haben; aber so trafen aller Willen, Glück und Schicksal zusammen, um das Werk der Menschen zu befestigen, und diese wunderbare Uibereinkunft läßt mich nicht mehr zweifeln, daß alles dort oben im ewigen

Rath=

Rathſchluß feſtgeſezt worden ſey. Mein vori=
ges und gegenwärtiges Nachdenken beſtärkt
mich ſo in meiner Meinung, daß ich eine
Sache, die ich bißheran der Bosheit der
Menſchen zugeſchrieben hatte, nun für eines
von jenen Geheimniſſen des Himmels an=
ſehen muß, die unſer Verſtand nicht durch=
dringen kann.

Dieſer Gedanken iſt nicht marternd, ſon=
dern tröſtlich für mich; er beruhigt mich,
und hilft mir alles ertragen. Ich gehe nicht
ſo weit, als der heilige Auguſtin, der in ſei=
ner Verdammung ſelbſt ſich getröſtet hätte,
wenn Gott ihn hätte verdammen wollen.
Meine Duldſamkeit kömmt zwar aus einem
nicht ſo uneigennützigen Beweggrund, aber er
iſt deshalb doch eben ſo lauter und des voll=
kommnen Weſens, das ich anbete, würdiger.
Gott iſt gerecht; er will, daß ich leide, und
kennt meine Unſchuld. Daher entſpringt mein
Vertrauen; meine Vernunft und mein Herz
ſagen mir, daß es mich nicht trügt. Das
Schick=

Schickſal und die Menſchen mögen machen, was ſie wollen, ich will's ohne Murren er= tragen lernen; alle Dinge kommen endlich. in ihre Ordnung zurück, und ich werde früh oder ſpät meine Stelle finden.

Dritter Spaziergang.

Indem ich alt werd', lerne ich immer.

Diesen Vers wiederholte Solon oft in seinem Alter. Er hat einen Sinn, nach welchem ich ihn auch auf das meinige beziehen könnte; aber das ist eine höchst traurige Wissenschaft, die ich durch eine Erfahrung von 20 Jahren erlangt habe. Die Unwissenheit wäre besser. Widerwärtigtigkeit ist in der That eine große Lehrmeisterinn, aber sie läßt sich ihren Unterricht sehr theuer bezahlen, und oft ist der Nutzen, den man daraus schöpft, nicht so viel werth, als das Lehrgeld. Auch geht während diesen langsamen Unterweisungen die Gelegenheit der Ausübung vorüber,

Die

Die Jugend ist die Zeit, Weisheit zu lernen, das Alter, weise zu handeln. Wenn man dem Grabe nahe ist, so muß man nicht erst lernen, wie man hätte leben sollen.

Was nüzt mir nun diese so spät und so schmerzlich erworbene Einsicht in mein Schicksal und die Leidenschaften andrer, deren Werk es ist! Ich lernte die Menschen besser kennen, um das Elend, in welches sie mich gestürzt haben, besser zu fühlen; ich sah ihre Fallstricke alle, und doch konnt' ich keinem entgehen. Warum blieb ich nicht lieber in jenem zwar schwachen aber doch süßen Vertrauen, daß mich so viele Jahre hindurch zum Spielwerk meiner Freunde machte? Ich war ganz in ihre Netze verwebt, und doch argwohnte ich nichts. Sie betrogen und stürzten mich, ich aber glaubte, sie liebten mich, und so genoß mein Herz der Freundschaft, die sie mir einflößten, und dachte von ihnen das nämliche. Die angenehme Täuschung ist verschwunden. Zeit und Vernunft zeigten mir die traurige Wahrheit, daß mein Unglück ohne

ohne Hilfe, und mir nichts übrig sey, als
völlige Ergebung. Alle meine Erfahrungen
sind also für mich in meiner Lage ohne gegen=
wärtigen und zukünftigen Nutzen.

Wir treten in die Laufbahne bei unsrer
Geburt, und bei unserm Tode treten wir
wieder ab. Warum soll ich erst lernen, mei=
nen Wagen besser zu lenken, wenn ich nahe
am Ziel bin? Nur, wie ich gut hinaus=
komme, muß ich dann trachten. Wenn alte
Leute noch etwas studiren sollten, so wär's,
die Kunst zu sterben; und gerade im Alter
denkt man hieran am wenigsten. Alle Alte
lieben das Leben mehr als Kinder, und sie
gebärden sich beim Sterben unartiger als
junge Leute. Das kömmt daher, weil sie
nur für dieß Leben gearbeitet haben, und
nun an seinem Ende sehen, daß ihre Mühe
vergebens ist. Ihre Güter, die Früchte ihrer
Sorgen und Nachtwachen müssen sie verlassen.
Sie dachten nicht daran, sich während ihrem
Leben etwas zu erwerben, das sie nach ihrem
Tode mitnehmen könnten.

Ich

Ich habe mir das alles gesagt, da es Zeit war, und wenn mir mein Nachdenken nicht viel gefruchtet hat, so ist die Schuld nicht, daß ich es etwa zur Unzeit oder nicht mit genug Ernst angestellt hätte. Seit meiner Kindheit in den Wirbel der Welt geworfen, lernte ich bald durch die Erfahrung, daß ich nicht geschaffen war, darinn zu leben, und daß ich darinn niemals in eine solche Lage kommen würde, die meinem Herzen nothwendig war. Ich hörte auf, ein Glück unter den Menschen zu suchen, von welchem mein Gefühl mir sagte, daß ichs nie da finden würde; meine feurige Einbildungskraft schwang sich schon über mein kaum angefangenes Leben gleichsam auf ein fremdes Land, wo ich behaglich ruhen und wohnen könnte.

Dieser Gedanke, den meine frühste Erziehung schon in mir genährt, und die lange Reihe von Elend und Unglücksfällen gestärkt hat, bewegte mich zu jeder Zeit, die Natur und Bestimmung meines Wesens mit mehr Sorge und Theilnahme zu untersuchen, als
je

je ein andrer Mensch that. Ich kenne viele,
die weit gelehrter philosophiren, als ich; aber
ihre Philosophie ist ihnen, so zu sagen, fremde.
Da sie gelehrter seyn wollen, als andre, so
studiren sie das Universum und seine Einrichtung, so wie sie eine Maschine studiren, aus
bloßer Neugierde. Sie erforschen die Natur
des Menschen, um darüber disputiren zu
können, nicht, um sich zu kennen; sie arbeiten, um andre zu unterrichten, nicht, um sich
innerhalb zu erleuchten. Vielen unter ihnen
gelüstet's, ein Buch zu schreiben, gleichviel
welches, wenn's nur gefällt. Ist nun das
Buch gemacht und gedruckt, so kümmern sie
sich um den Inhalt nicht mehr, es sey dann,
um ihn andern aufzudringen, oder, im Fall
eines Angrifs, zu vertheidigen; übrigens aber
ist das Buch für sie zu keinem Gebrauch, ja
es gilt ihnen gleich, ob der Inhalt wahr oder
falsch ist, wenns nur nicht widerlegt wird.
Ich dachte anders. Wenn ich etwas zu lernen verlangte, so war mir's um meinen eignen
Unterricht; ich habe immer geglaubt, daß
man erst für sich genug wissen müsse, bevor

man andre lehren will; und unter allen Stu=
dien, mit welchen ich mich unter den Men=
schen beschäftigt habe, ist nicht ein einziges,
das ich nicht auch auf einer öden zu meinem
ewigen Aufenthalt bestimmten Insel vorge=
nommen haben würde. Was wir thun müf=
fen, hängt meistens von dem ab, was wir
glauben müffen, und in allen Dingen, außer
den ersten Foderungen der Natur, werden
unsre Handlungen durch unsre Meinungen
bestimmt. Gemäß dieses Grundsatzes, der
immer der meinige war, suchte ich oft und
lang den Zweck meines Lebens zu kennen,
damit ich seine Thätigkeit danach richten
könnte, und bald tröstete ich mich über meine
Untauglichkeit in der Welt zu leben, denn ich
empfand, daß man jenen Endzweck da nicht
suchen darf. Geboren in einer Familie, wo
Sittlich= und Frömmigkeit herrschten; aufer=
zogen bei einem Geistlichen, einem Manne
voll Weisheit und Religion, habe ich in mei=
ner zartesten Kindheit Grundsätze und Maxi=
men (andre mögen Vorurtheile sagen) erhal=
ten, die mich niemals gänzlich verlassen ha=
ben.

ben. Als Kind, mir selbst überlassen, durch
Schmeicheleien verführt, durch Eitelkeit ver=
blendet, durch Hofnung getäuscht, durch Noth
gezwungen, ward ich katholisch; aber ich
blieb immer ein Christ, und nach und nach
gewann mein Herz eine wahre Neigung zu
meiner neuen Religion. Der Unterricht, das
Beispiel der Madame Warens bestärkten
mich darinn. Die ländliche Einsamkeit, in
der ich die Blüthe meiner Jugend verlebte;
die Lektüre guter Werke, der ich mich gänzlich
ergab, kamen meiner natürlichen Anlage zu
zärtlichen Gefühlen zu Hilfe, und machten
mich andächtig, beinahe wie Fenelon. Das
stille Nachdenken, das Studium der Natur,
die Betrachtung des Universums zwingen
einen Einsiedler, sich zum Urheber der Dinge
zu erheben, und mit einer süßen Unruhe den
Endzweck dessen, was er sieht, die Ursache
dessen, was er fühlt, zu suchen. Da mich
mein Schicksal wieder in die Welt warf,
fand ich nichts mehr darinn, das meinem
Herzen nur einen Augenblick hätte wohlthun
können. Uiberall dachte ich mit Sehnsucht

an

an jene glückliche Tage zurück, und dieser
Gedanke machte mir alles gleichgültig und
eckel, was mich nur zu Glück und Ansehen
hätte leiten können. Ungewiß in unruhigem
Verlangen hofte ich wenig, erhielt noch weni=
ger, und empfand selbst in Augenblicken des
Wohlergehens, daß, wenn ich auch alles,
was ich zu suchen glaubte, finden würde,
dennoch jenes Glück mir nicht zutheil gewor=
den wäre, nach welchem mein Herz sich
sehnte, ohne seinen Gegenstand zu kennen.
So trug alles dazu bei, meine Empfindun=
gen von der Welt zu trennen, noch ehe ich
durch jene Bedrückungen daraus verbannt
wurde. Ich erreichte mein vierzigstes Jahr,
und schwebte noch zwischen Noth und Wohl=
stand, zwischen Weißheit und Irrthum, war
voll Gewohnheitsfehler, ohne eine böse Nei=
gung im Herzen zu haben; lebte auf gut
Glück, ohne durch meine Vernunft bestimmte
Grundsätze, leichtsinnig in Betracht meiner
Pflichten, ohne sie zu verachten, aber oft,
ohne sie recht zu kennen.

In

In meiner Jugend hatte ich das vierzigste
Jahr, als die Epoche meines Lebens, festge=
sezt, wo alle Bemühung, Glück zu machen,
und jeder Anspruch aufhören soll. Ich hatte
mich fest entschlossen, nach Erreichung dieses
Alters meinen Zustand, welcher es auch im=
mer seyn möchte, nicht mehr zu ändern, son=
dern in den Tag zu leben, ohne mich um die
Zukunft zu bekümmern. Sobald diese Zeit
gekommen war, führte ich mein Vorhaben
ohne Mühe aus, und wiewohl meine Glücks=
umstände eine gute Wendung nehmen zu
wollen schienen, so entsagte ich dieser Aen=
derung doch mit einem wahren Vergnügen.
Da ich mich von den Täuschungen und Hof=
nungen befreite, so ergab ich mich ganz jener
Sorglosigkeit und Ruhe des Geistes, für
welche ich immer die stärkste und dauerhaf=
teste Neigung gefühlt hatte. Ich entsagte
der Welt und ihrer Pracht, befreite mich von
überflüßigen Bürden, trug keinen Degen,
keine Uhr, keine weissen Strümpfe, kein Gold,
keine Frisur mehr, sondern eine ganz simple
Perüke, ein Kleid von grobem Tuche, und

was

was beſſer als alles war, ich reinigte mein
Herz von den Begierden, die allem, was ich
izt verließ, Werth beilegen. Ich entſagte der
Stelle, welche ich damals begleitete, und zu
der ich gar nicht geſchickt war, und fieng an,
Muſik zu kopiren, den Bogen zu ſo und ſo
viel; eine Beſchäftigung, an der ich ſtets den
entſchiedenſten Geſchmack hatte.

Ich blieb mit meiner Aenderung nicht beim
Aeußerlichen ſtehen, ſondern ich ſahe wohl ein,
daß noch eine gewiß weit ſchwerere in meinem
Gemüth erforderlich ſei, und feſt entſchloſſen,
dieſe Arbeit nicht zweimal zu thun, nahm ich
mir vor, meine Denkart einer ſtrengen Unter=
ſuchung zu unterwerfen, durch welche ſie für
die übrige Zeit meines Lebens ſo geſtimmt
werde, wie ich ſie bei meinem Tode finden
wollte.

Eine große Revolution, die eben in mir
vorgegangen war, eine andre moraliſche Welt,
die ſich meinen Blicken darſtellte, die unver=
nünftigen Urtheile der Menſchen, deren Ab=
ſcheu

scheulichkeit ich erkannte, ohne noch vorzu=
sehen, wie sehr ich ihr Opfer seyn würde;
das immer wachsende Bedürfniß eines andern
Guts, als des litterarischen Lorbeers, der
mich nur von ferne anduftete, und mir doch
schon zum Ekel war; endlich das Verlangen
für den Uiberrest meines Lebens mir einen
sicherern Weg zu bahnen, als jener war, auf
dem ich die beste Hälfte zugebracht hatte:
alles dieß nöthigte mich zu dieser großen
Uibersicht meiner selbst. Ich unternahm sie
also, und that alles, was ich konnte, um
das Unternommene gut auszuführen.

Von dieser Epoche kann ich meine gänz=
liche Entsagung der Welt datiren, und meine
lebhafte Neigung zur Einsamkeit, die mich
nie mehr verließ. Das Werk, das ich unter=
nahm, konnte nur in der Einsamkeit voll=
bracht werden: denn es erfoderte langes und
ruhiges Nachdenken, das die Gesellschaft
nicht zuläßt. Deshalb war ich genöthigt,
auf eine Zeit eine andre Lebensart anzuneh=
men, bei der es mir nachher so wohl behagte,

daß

daß ich sie nur aus Noth und auf kurze Zeit verließ, und stets wieder ergrif, sobald es mir möglich war; und da mich die Menschen in der Folge zur Einsamkeit verdammten, so fand ich, daß sie eben durch diese Verbannung mehr für mein Glück thaten, als ich selbst konnte.

Ich unternahm meine Arbeit mit dem Eifer, den die Wichtig= und Nothwendigkeit der Sache erfoderten. Ich lebte damals mit modernen Philosophen, die den alten gar nicht glichen. Anstatt meine Zweifel und Unentschlossenheit zu heben, machten sie meine Gewißheit über die wichtigsten Punkte wanken: denn sie waren eifrige Prediger des Atheismus, aufgeblasene Dogmatiker, die nicht ausstehen konnten, daß irgend ein Mensch in einem Stücke anders denke, als sie. Ich vertheidigte mich oft, theils aus Widerwillen gegen Zänkerei, theils aus Unfähigkeit, sehr schwach; aber niemals nahm ich ihre trostlose Lehre an, und diese Widersezlichkeit war keine der geringsten Ursachen ihres Hasses gegen mich.

Sie

Sie hatten mich nicht überredet, aber beunruhigt. Ihre Beweisgründe erschütterten mich, überzeugten mich aber nie; ich fand keine gute Antwort, fühlte aber, daß es eine geben müsse. Ich beschuldigte mich keines Irrthums, aber einer Ungeschicklichkeit, und mein Herz widerlegte sie besser, als meine Vernunft.

Ich sagte endlich zu mir: soll ich mich ewig durch die Sophismen besserer Redner umtreiben lassen, da ich nicht einmal weis, ob die Meinungen, die sie predigen und andern aufdringen wollen, auch die ihrigen sind? Durch ihre Leidenschaften, die ihre Lehre beherrschen, durch ihren Eifer, dieß oder jenes glauben zu machen, wird es unmöglich, zu erforschen, was sie selbst glauben. Kann man Aufrichtigkeit suchen bei Partheiführern? Ihre Philosophie dient nur ihnen, und ich möchte gern eine für mich haben. Ich will sie dann suchen mit allen Kräften, weil es noch Zeit ist, um für mein übriges Leben eine sichere Richtschnur zu erhalten. Ich bin izt

im

im reifen Alter, mein Verstand ist in seiner
vollen Kraft. Schon geht's bald abwärts,
und wenn ich noch warte, so werde ich mich
nicht mehr meiner ganzen Stärke bedienen
können; meine Seelenkräfte werden ihre Wirk-
samkeit verloren haben, und was ich izt aufs
bestmöglichste verrichten kann, werde ich alsdann nicht mehr so gut zustande bringen können. Ich will mich also dieses Augenblicks
bedienen: dieß ist die Epoche meiner äußern
materiellen Veränderung, es soll auch die Zeit
meiner innern moralischen Revolution werden.
Ich will mit einemmal meine Meinungen und
Grundsätze festsetzen, und mein übriges Leben
hindurch das seyn, was ich nach reiflicher
Uiberlegung finden werde, daß ich seyn soll.

Ich führte dieß Vorhaben zwar langsam
und mit unterbrochener Thätigkeit aus, aber
doch mit aller Verwendung und Bedacht-
samkeit, deren ich fähig war. Ich fühlte lebhaft, daß die Ruhe meines Lebens und mein
Glück davon abhiengen. Ich befand mich
bald in einem solchen Labyrinth von Verwir-
rungen,

rungen, Beschwerden, Einwendungen, Krüm=
mungen und Finsternissen, daß ich wohl zwan=
zigmal im Begrif stand, das Ganze aufzu=
geben, und in meinen Berathschlagungen mich
an die Regeln des gemeinen Verstandes zu
halten, ohne weiters in jenen Grundsätzen
zu suchen, die ich mit so vieler Mühe ins
Klare bringen mußte. Aber auch dieser ge=
meine Verstand war mir so fremd, ich fühlte
mich so wenig aufgelegt, ihn zu erlangen,
daß ich mich seiner Führung eben so wenig
überlassen konnte, als ich mitten durch stür=
mische Meere ohne Steuerruder, ohne Kompaß
einen Haven hätte suchen können.

Aber ich blieb standhaft: für das erstemal
in meinem Leben hatte ich Muth, und diesem
Muth hab ich's zu danken , daß ich mein
schrecklichs Schicksal, das bald über mich kam,
ertragen konnte. Nach den eifrigsten und
fleißigsten Untersuchungen, die vielleicht je
von einem Menschen sind angestellt worden,
sezte ich meine Denkart für mein ganzes Le=
ben fest; und wenn ich mich etwa in meinen
Schlüs=

Schlüſſen geirrt hätte, ſo bin ich doch gewiß,
daß man mir dieſen Irrthum nicht als ein
Verbrechen zur Laſt legen kann, denn ich that
mein möglichſtes, um mich dafür zu bewah,
ren. Ich zweifle freilich nicht, daß die Vor,
urtheile meiner Jugend und die geheimen
Wünſche meines Herzens derjenigen Wag,
ſchale, welche den meiſten Troſt für mich
enthielt, den Ausſchlag werde gegeben haben.
Es iſt ſehr ſchwer, das nicht zu glauben,
was man eifrig wünſcht; und der Glaub der
meiſten Menſchen, in Betref ihrer Hofnung
oder Furcht, richtet ſich nach dem, was ſie
von dem zukünftigen Leben denken. Das
alles konnte mich zwar in meinem Urtheil
verblenden, aber es konnte meine Aufrichtig,
keit nicht ändern; denn ich fürchtete mich
in jedem Punkt zu irren. Wenn alles im
Genuß dieſes Lebens beſteht, ſo war mir
daran gelegen, es zu wiſſen, damit ich mir's
beizeiten auf die beſtmöglichſte Art zu Nutze
machen könne. Was ich aber auf dieſer Welt
am meiſten in meiner Lage zu fürchten hatte,
war, daß ich das ewige Glück meiner Seele
gegen

gegen die Freuden der Welt, die ich nie viel achtete, aufs Spiel setzen könnte.

Ich muß gestehen, daß ich die Schwierigkeiten, die mich beunruhigten, und von welchen mir unsre Philosophen so oft und vieles vorgeplaudert haben, nicht immer zu meiner Genugthuung heben konnte. Da ich aber entschlossen war, mich und meine Denkart in Betref der wichtigsten Gegenstände zu bestimmen, und da ich nun undurchdringliche Geheimnisse, unauflösbare Einwürfe fand, so nahm ich bei jeder Frage, bei jedem Zweifel diejenige Meinung für die richtigste an, welche am besten und deutlichsten erörtert, und an sich selbst die glaubwürdigste war, und dann hielt ich mich nicht weiter bei Einwürfen auf, die ich nicht widerlegen konnte, die sich aber durch andre eben so starke Einwürfe gegen das entgegengesetzte System gebrauchen ließen. Es ist Charlatanerie, wenn man sich bei diesen Materien des dogmatischen Tones bedient; aber es ist daran gelegen, daß ein jeder seine Denkart für sich habe, und daß er

sie

sie mit der reifesten Uiberlegung festzusetzen suche. Fallen wir demohngeachtet in einen Irrthum, so können wir dafür nicht gestraft werden: denn es ist nicht unsre Schuld. Dieß ist der feste Grundsatz, auf welchem meine Sicherheit ruhet.

Das Resultat meiner mühsamen Untersuchungen war beinahe eben dasselbe, was ich in dem Glaubensbekenntniß des Savoischen Priesters geäußert habe, ein Werk, das schändlicherweise von der gegenwärtigen Generation verachtet ward, das aber einst eine Revolution unter den Menschen hervorbringen könnte, wenn anders jemals wieder gesunde Vernunft und Aufrichtigkeit unter ihnen aufwachen wird.

Von der Zeit an blieb ich ruhig bei den Grundsätzen, die ich nach so langem und ernstlichem Nachdenken angenommen hatte; ich machte sie zur unwandelbaren Richtschnur meines Betragens und meines Glaubens, und kümmerte mich nicht sehr um die Einwen=

wendungen, so ich nicht widerlegen oder nicht
vorsehen konnte. Sie beunruhigten mich von
Zeit zu Zeit, aber sie machten mich nie wan=
ken. Ich sagte immer zu mir: das sind
metaphysische Spitzfindigkeiten, die nichts zu
bedeuten haben bei diesen höchstwichtigen
Grundsätzen, die meine Vernunft anerkannt,
mein Herz gütgeheissen hat. Bei einer Ma=
terie, die so weit über den menschlichen Ver=
stand erhaben ist, soll ein Einwurf, den ich
nicht beantworten kann, nicht das ganze Lehr=
gebäude umwerfen, das so fest, so gut ge=
ordnet, mit so viel Sorg und Nachdenken
aufgeführt, so gut mit meiner Vernunft,
mit meinem Herzen, mit meinem ganzen
Wesen zusammenstimmt, und meinen ganzen
innern Beifall, der jedem andern fehlt, erhal=
ten hat. Nein, solche eitle Argumentationen
sollen nicht die Uibereinstimmung zernichten,
die ich zwischen meiner unsterblichen Natur
und der Verfassung und physischen Ordnung
dieser Welt finde. Bei jedem andern System
müßte ich ohne Zuflucht leben und ohne Hof=
nung sterben. Ich wär das unglücklichste

Ge=

Geschöpf: Ich will mich also bei diesem hal=
ten, das allein mich glücklich machen kann,
trotz den Menschen und dem Geschicke.

Es scheint, der Himmel habe mir diese
Berathschlagung mit mir selbst und meinen
Entschluß eingegeben, um mich auf mein
zukünftiges Schicksal vorzubereiten, und mich
zur Duldung zu stärken. Was wär aus mir
geworden, und was würde noch aus mir,
wenn ich in dem Elend, das mein harrte,
und in dieser unglaublichen Lage ohne Mit=
tel meinen Verfolgern zu entgehen, ohne Ent=
schädigung für der Schande, womit sie mich
überhäuften, ohne Hofnung einer mir einst
werdenden Vergeltung, mich ganz dem schreck=
lichsten Loose, das je einem Sterblichen zu=
theil ward, hätte überlassen müssen? Indem
ich ruhig in meiner Unschuld von den Men=
schen glaubte geachtet und geliebt zu seyn;
indem mein offnes, vertrauenvolles Herz ganz
arglos an Freunden und Brüdern hieng, so
legten die Verräther Fallstricke um mich her,
die in der Hölle gewirkt waren. Überrascht
von

von dem grbſten und für eine ſtolze Seele
ſchmerzlichſten Unglück, in den Staub getreten, ohne zu wiſſen, von wem oder warum, in einen Abgrund von Schande geſtürzt,
von Finſterniſſen umgeben, durch welche ich
nichts als ſchreckende Gegenſtände erblickte,
ſank ich anfangs darnieder; und niemals
würde ich mich wieder erholt haben, wenn
ich mir nicht die Kräfte erworben hätte, von
meinem Fall wieder aufzuſtehen.

Nach vielen unruhigen Jahren bekam ich
wieder Muth, gieng in mich ſelbſt, und dann
erſt lernte ich den Werth der Zuflucht kennen,
die ich mir aufgeſpart hatte. Uiberzeugt von
allen Wahrheiten, die mir wichtig waren,
verglich ich meine Maximen mit meiner Verfaſſung, und da fand ich, daß ich mir aus
den unvernünftigen Urtheilen der Menſchen
und aus den Zufällen dieſes kurzen Lebens mehr
gemacht hatte, als ſie wirklich ſind. Da dieſes Leben ein Stand der Prüfung iſt, ſo ſah'
ich ein, daß es gleichviel wäre, von welcher
Art die Prüfungen ſind, wenn ſie nur die

beſtimmte zweckmäßige Wirkung hervorbrin=
gen, und daß folglich, je größer, ſtärker,
vielfacher die Prüfungen ſind, auch deſto vor=
theilhafter es ſey, ſie überſtanden zu haben.
Auch der lebhafteſte Schmerz verliert ſeine
Stärke bei demjenigen, der einen großen und
gewiſſen Erſatz dafür erwartet, und die Ge=
wißheit dieſes Erſatzes war die Frucht mei=
nes vorhergehenden Nachdenkens.

Es iſt wahr, daß mir mitten in den un=
zähligen Beleidigungen und greulichen Miß=
handlungen, denen ich von allen Seiten
ausgeſezt war, zuweilen Zweifel aufſtießen,
die meine Hofnung erſchütterten und meine
Ruhe ſtörten. Die ſtarken Einwürfe, ſo ich
nicht widerlegen konnte, ſtellten ſich meinem
Geiſte noch einmal ſo groß dar, und ſchlugen
mich beinahe gänzlich nieder, gerade zu der
Zeit, da ich unter der Laſt meines Unglücks
muthlos erlag. Oft kamen neue Beweis=
gründe, die ich hie und da vernehmen mußte,
zu denjenigen, welche mich ſchon lange ge=
quält hatten. Dann ſprach ich mit ſehr be=

klemmtem Herzen zu mir: Ach! wer wird
mich von der Verzweiflung retten, wenn in
meinem schrecklichen Zustande die Trostgründe
meiner Vernunft nur Chimären sind! wenn
sie so ihr eignes Werk vernichtet, mir meine
Hofnung und mein Vertrauen raubt, die
mich allein in meiner Widerwärtigkeit erhal=
ten können. Triegende Einbildungen, die
nur mich allein täuschen, sollen meine ganze
Stütze seyn? Die ganze gegenwärtige Ge=
neration sieht nichts als Irrthümer und Vor=
urtheile in meiner Denkart; sie findet Wahr=
heit und Evidenz in dem System meiner
Gegner; sie scheint sogar nicht glauben zu
wollen, daß ich das meinige aufrichtig für
wahr annehme; und ich selbst finde so viele
unerklärbare Bedenklichkeiten darinn, die ich
umsonst zu heben suche, die mich aber den=
noch nicht hindern, darinn zu beharren. Bin
ich denn allein weise, allein aufgeklärt unter
den Menschen? Kann ich mich vernünfti=
gerweise auf Grundsätze verlassen, die in den
Augen aller Menschen keine Festigkeit haben,
und die mir selbst täuschend schienen, wenn

mein

mein Herz meiner Vernunft nicht zu Hilfe
käme? Wär es nicht besser gewesen, wenn
ich das System meiner Gegner angenommen
und mit gleichen Waffen gekämpft hätte, als
daß ich bei dem meinigen blieb, mich ihren
Anfällen bloßstellte, und ihnen nicht wider=
stand? Ich halte mich für weise, und ich
bin der Betrogene, bin das Schlachtopfer ei=
nes eiteln Irrthums.

Wie oft war ich in solchen Augenblicken
der Ungewißheit, der Verzweiflung nahe! wenn
ich jemals einen ganzen Monat in einer sol=
chen Verfassung hätte zubringen müssen, so
wäre es um mich und mein Leben gethan
gewesen; aber diese Gedanken, wiewohl sie
mir sonst oft kamen, währten nie lange, und
izt kann ich mich ihrer zwar noch nicht gänz=
lich entwehren, allein sie sind so selten und
so schnell vorübergehend, daß sie kaum die
Macht haben, meine Ruhe zu stören. Es
sind leichte Zweifel, die meiner Seele so wenig
anhaben können, als eine Feder, die in einen
Strom fällt, seinen Lauf ändern kann. Ich
müßte

müßte. mich für aufgeklärter, vernünftiger,
wahrheitliebender halten, als ich zur Zeit
meiner Untersuchungen war, wenn ich dieje‑
nigen Punkte, über welche ich mein Urtheil
festgesezt habe, noch einmal in Betrachtung
ziehen wollte. Da aber der Fall nicht mög‑
lich ist, so kann ich vernünftigerweise solche
Meinungen, die sich izt meinem Geiste nur
darstellen, um mein Elend zu vergrößern,
jenen Einsichten nicht vorziehen, welche ich in
meinem besten Alter, in der vollen Reife
meiner Vernunft, in einer Zeit, wo ich ruhig
war, und keine andre Begierde hatte, als
Wahrheit zu erkennen, durch ernstes Nach‑
denken erhalten habe. Jezt ist mein Herz
beklemmt vor Betrübniß, meine Seele ist
muthlos, meine Einbildungskraft ist zerrüt‑
tet, mein Kopf ist verwirrt durch die dun‑
keln Geheimnisse, die mich umgeben; das
Alter hat meine Seelenkräfte geschwächt, und
nun soll ich mir alle Hülfsquellen und Trost‑
gründe selbst rauben? Soll, um mich unglück‑
lich zu machen, meiner hinsinkenden Ver‑
nunft mehr zutrauen, als meiner Vernunft

E 3   in

in voller Kraft und Stärke? Nein, ich bin
weder weiser, aufgeklärter noch aufrichtiger,
als ich zu der Zeit war, da ich die wichtigen
Fragen entschied. Auch damals sah' ich alle
die Bedenklichkeiten ein, die mich izt beunruhigen; und kommen auch einige neuen
hinzu, die ich nicht vorsahe, so sinds nur
feine metaphysische Grübeleien, die nichts
gelten gegen ewige, zu allen Zeiten von allen
Weisen anerkannte Wahrheiten, die dem
menschlichen Herzen unauslöschlich eingedruckt
sind. Ich wußte, da ich über diese Gegenstände nachdachte, daß der menschliche von
den Sinnen eingeschränkte Verstand sie nicht
ganz fassen kann, und hielt mich also nur
an dem, was ich mit meiner Einsicht erreichen kounte, ohne mich mit dem allzudunkeln,
unbegreiflichen abzugeben. Das war der
Vernunft gemäß, und sie rieth mir, wie
mein Herz, mich daran zu halten. Warum
soll ichs nunmehro aufgeben, da ich so viel
Ursach habe dabei zu bleiben? welche Gefahr ist damit verknüpft? welchen Nutzen
kann ich von einer Aenderung hoffen? Wenn

ich

ich die Lehre meiner Gegner annehme, soll
ich auch ihre Moral annehmen? Diese grund=
und fruchtlose Moral, die sie mit vielem Glanz
in ihren Werken oder in einer Theaterhand=
lung zur Schau ausstellen, ohne daß etwas
davon ins Herz oder in die Vernunft ein=
geht; oder gar jene andre geheime, verab=
scheuungswürdige Moral, die Lehre aller Ein=
geweihten, welcher die erste nur zur Larve
dient, die sie in ihrem Betragen befolgen,
die sie gegen mich ausgeübt haben. Diese
Moral dient nur zum Angrif, nicht zur Ver=
theidigung, und zu was nüzte sie mir, in
diesem Zustand, in welchen sie mich gebracht
haben? Meine Unschuld allein unterstüzt
mich in meinem Unglück, das ich sehr ver=
größern würde, wenn ich mir diese einzige
aber starke Stütze rauben, und durch Bos=
heit ersetzen wollte. Könnte ich sie in der
Kunst zu schaden erreichen? und geläng' es
mir auch, könnte das mich von einem Uibel
befreien, wenn ich ihnen ein anders zufügte?
— Ich verlöre die Achtung meiner selbst,
und gewänn nichts dagegen.

Diese

Diese Uiberlegungen halfen mir endlich dazu, daß ich mich durch seine Argumente, unauflösbare Einwürfe, die meine und vielleicht die menschliche Vernunft überstiegen, in meinen Grundsätzen nicht mehr irre machen ließ. Mein Geist gewöhnte sich nach und nach daran, seine Beruhigung in meinem Gewissen zu finden, so, daß keine fremde Lehre, sie sey' alt oder neu, meine Ruhe mehr stören kann. Bei der gegenwärtigen Kraftlosigkeit meines Leibes und meiner Seele hab ich sogar die Vernunftgründe vergessen, auf welche ich meinen Glauben und mein System gebaut habe, aber ich werde nie die Schlußfolgen vergessen, die ich mit Einstimmung meines Gewissens und meiner Vernunft daraus gezogen habe, und ich halte mich auf immer daran. Es mögen alle Philosophen dagegen argumentiren; sie verlieren Zeit und Mühe. Ich bleibe für mein ganzes Leben in allen Dingen auf dem Wege, den ich eingeschlagen habe, als ich fähiger war, gut zu wählen.

Ich

Ich bin ruhig bei dieser Verfassung, und finde, nebst der Zufriedenheit mit mir selbst, die Hofnung und das Zutrauen, dessen ich in meiner Lage bedarf. Es ist nicht möglich, daß eine so völlige, dauernde traurige Einsamkeit, daß der immer thätige Groll der Menschen, und die Unbilden, womit sie mich unaufhörlich überhäufen, mir nicht manche Stunde verbittern sollten. Meine Hofnung wankt, und von Zeit zu Zeit kommen niederschlagende Zweifel meine Seele zu beunruhigen und zu betrüben. Da mein Geist in solchen Stunden keiner Thätigkeit fähig ist, die mich trösten könnte: so muß ich zurückdenken an meine ältere Entschlüsse. Ich erinnere mich, mit welchen Sorgen, Aufmerksamkeit und Redlichkeit ich sie gefaßt habe, und dieß giebt mir meine Hofnung und mein Vertrauen wieder. So bewahre ich mich vor allen neuen Ideen, gleichsam wie vor schädlichen Irrthümern, die durch Schein blenden und zu nichts dienen, als meine Ruhe zu stören.

Ein

Eingeſchloſſen in die enge Sphäre mei=
ner vormaligen Kenntniſſe, hab ich alſo nicht
das Glück, wie Solon, indem ich alt werde,
immer weiſer zu werden, ja, ich muß mich
ſogar hüten vor dem gefährlichen Stolze, et=
was lernen zu wollen, was ich hinfüro nicht
wohl wiſſen dürfte. Aber wenn ich von
Seiten nützlicher Einſichten keine große Be=
reicherung mehr zu hoffen habe, ſo bleiben
mir noch Tugenden, die zu meiner Lage
nöthig ſind, zu erwerben übrig. Da muß
meine Seele izt Schätze ſammeln, die ſie
einſt mitnehmen kann, wenn ſie, frei von
dieſem Körper, die Wahrheit ohne Schleier
ſehen, und die Armſeligkeit der Kenntniſſe,
worauf die Menſchen ſo ſtolz ſind, erkennen
wird. Seufzen wird ſie über jede Stunde,
die ſie einſt auf ihre Erwerbung verwendet
hat. Aber die Geduld, die Sanftmuth, die
Aufrichtigkeit, die unpartheiſche Gerechtig=
keit, das ſind Güter, die man mit ſich
nimmt, und mit welchen man ſich immer
bereichern kann, ohne Furcht, ſie durch den
Tod zu verlieren. Dieſe zu beſitzen ſoll das
einzige

einzige Studium meiner übrigen Tage seyn. Glücklich, wenn ich mein Leben, zwar nicht besser, denn das ist nicht möglich, aber tugendhafter beschließe, als ich's begann!

———————

Vierter Spaziergang.

Unter den wenigen Büchern, welche ich zuweilen noch lese, ist Plutarch mir am liebsten und nützlichsten. Das war die erste Lektüre meiner Jugend, und soll auch die lezte meines Alters seyn. Plutarch ist beinahe der einzige Schriftsteller, den ich nie ohne einigen Nutzen lese. Vorgestern kam ich in seinen moralischen Werken auf die Abhandlung: wie man aus seinen Feinden Vortheil ziehen kann? Als ich am selben Tage einige Brochüren, die mir von ihren Verfassern waren zugeschickt worden, in Ordnung brachte, fiel ich auf eines von den Journalen des Abbe R***, auf dessen Titel er diese Worte gesezt hatte: Vitam

vero

vero impendenti R ***. · Ich kenne die
feinen Wendungen dieser Herrn zu viel, als
daß ich mich durch diese da hätte sollen täu=
schen lassen, und ich sahe wohl ein, daß er
mir mit dieser höflichen Miene eine grausame
Gegenwahrheit sagen wollte; aber worauf
gründet sie sich? Wozu das Sticheln? Wo=
durch kann ich's veranlaßt haben? Um die
Lehre des guten Plutarchs zu benutzen, ent=
schloß ich mich, meinen nächsten Spaziergang
auf eine Untersuchung meiner selbst, in Be=
tref der Lüge zu verwenden. Ich ward in
meiner Meinung bestärkt, daß das kenne
dich selbst des delphischen Tempels keine so
leicht zu befolgende Maxime sei; als ich in
meinen Bekenntnissen geglaubt hatte.

Als ich am andern Tage, um mein Vor=
haben auszuführen, mich auf den Weg mach=
te, so war mein erster Gedanke an eine greu=
liche Lüge, die ich in meiner Jugend gesagt
hatte. Diese Erinnerung hat mein ganzes
Leben verbittert, und betrübt noch im Alter
mein sonst so sehr zerrissenes Herz. Diese
Lüge,

Lüge, die an sich selbst schon ein großes Verbrechen war, ward noch ein weit größeres
durch ihre Folgen, die ich zwar nie erfuhr,
von meinem Gewissen aber so grausam vor-
gestellt wurden, als sie in der That seyn
konnten. Wenn man indessen nur meine
Verfassung betrachtet, in welcher ich diese
Lüge sagte, so war sie eine Wirkung der falschen Scham, und weit entfernt, daß ich
dabei die Absicht gehabt hätte, der Person,
auf die ich log, zu schaden; so kann ich hier
vor dem Angesicht des Himmels schwören,
daß ich in eben dem Augenblick, da die
Schamhaftigkeit mir die Lüge entriß, gern
all mein Blut hingegeben hätte, um ihre
Folgen alle auf mich allein zu kehren. Dieß
ist eine Art von Wahnsinn, denn ich nicht
anders erklären kann, als wenn ich sage, wie
ich's zu fühlen glaube, daß in jenem Augenblick mein furchtsames Naturel alle Wünsche
meines Herzens unterdrückte.

Das Andenken dieser unglücklichen That
und die unaufhörliche Reue flößten mir einen
Abscheu

Abscheu vor dem Lügen ein, der mich für
mein künftiges Leben davor bewahrte. Als
ich meine Devise wählte, fühlte ich in mir,
daß ich sie verdiene, und ich zweifelte nie,
ob ich ihrer würdig sey. Durch das Motto
des Abbe R*** ward ich bewogen, mich
ernsthafter zu erforschen.

Ich fand bei dieser genauen Untersuchung
zu meiner Verwunderung eine Menge Dinge
von meiner Erfindung, die ich mich erinnere
für wahr ausgegeben zu haben, und das zwar
zu einer Zeit, wo ich stolz in mir selbst auf
meine Liebe zur Wahrheit, ihr meine Sicherheit, meinen Nutzen und meine Person mit
einer unter den Menschen unerhörten Unpartheilichkeit aufgeopfert habe.

Was mich noch mehr wunderte, war, daß
ich bei der Erinnerung dieser Unwahrheiten
keine Reue fühlte. Ich, der nichts so sehr
verabscheute als Falschheit, der alle Marter
eher ausgestanden als durch eine Lüge vermie-
den hätte, konnte lügen mit frohem Herzen,
ohne

ohne Noth, ohne Nußen; ich empfand nicht
die mindeste Reue darüber, da doch die Erinnerung einer einzigen Lüge fünfzig Jahre hindurch mich betrübt hat. Welcher seltsame
Widerspruch! — Ich war nie halsstarrig in
Betref meiner Fehler; der moralische Instinkt
hat mich immer wohl geleitet, mein Gewissen hat sich immer unverfälscht erhalten;
und hätte es auch meinem Vortheil nachge-
geben, so wär's doch unbegreiflich, wie es
gerade in gleichgültigen Fällen, wo das Ver-
gehen nicht entschuldigt werden kann, sein
Ansehen und seine Aufrichtigkeit verlor, da es
sie stets in solchen Gelegenheiten, wo der
Mensch, von Leidenschaften umhergetrieben,
sich mit seiner Schwachheit entschuldigen
kann, ganz beibehalten hat? Ich sahe, daß
von der Auflösung dieses Problems die Rich-
tigkeit des Urtheils, das ich in diesem Punkt
über mich zu fällen hatte, abhieng, und nach
einer sorgfältigen Untersuchung erklärte ich
mir's auf diese Art:

Ich

Ich erinnere mich, in einem philofophi=
fchen Werke gelefen zu haben, daß Lügen
fo viel heißt, als eine Wahrheit verbergen,
die man hätte kundmachen follen. Aus die=
fer Definition ergiebt fich nun, daß es nicht
gelogen ift, wenn man eine Wahrheit ver=
fchweigt, die man nicht fchuldig ift zu fagen;
aber derjenige, welcher in einem folchen Fall
nicht nur die Wahrheit verfchweigt, fondern
das Gegentheil fagt, lügt der, oder lügt er
nicht? Nach der Definition könnte man
nicht fagen, daß er lügt: denn wenn er
einem Menfchen, dem er gar nichts fchuldig
ift, falfche Münze giebt, fo betriegt er ihn
freilich, aber er beftiehlt ihn nicht.

Zwo gleich wichtige Fragen kommen hier
in Betrachtung. Die erfte: wann und auf
welche Art ift man einem andern Wahrheit
fchuldig, da man fie nicht immer fchuldig
ift? Die andre: giebt es Fälle, worinn man
unfchuldig betriegen kann? Diefe zwote Frage
ift ganz entfchieden, das weis ich; verneint
in Büchern, wo die ftrengfte Moral dem Ver=

F   faffer

faſſer nichts koſtet; bejahet in der Geſellſchaft, wo die Büchermoral für unbrauchba-
res Geſchwätze gilt. Ich halte mich bei dieſen Widerſprüchen nicht auf, und ſuche dieſe
Fragen durch meine eigne Grundſätze für
mich aufzulöſen.

Die allgemeine, abſtrakte Wahrheit iſt
unter allen Gütern das koſtbarſte. Ohne ſie
iſt der Menſch blind; ſie iſt das Aug der
Vernunft. Durch ſie lernt der Menſch ſich
betragen, das zu ſeyn, was er ſeyn, zu thun,
was er thun ſoll, und den Weg nach ſeiner
Beſtimmung zu gehen. Die beſondre, indi-
viduelle Wahrheit iſt nicht allezeit ein Gut,
ſie iſt manchmal ein Uibel, und ſehr oft
eine gleichgültige Sache. Es giebt der Dinge
nicht ſonderlich viel, die ein Menſch wiſſen
muß, und deren Kenntniß ihm zu ſeinem
Glücke nöthig iſt; ſo wenige es aber auch
ſind, ſo gehören ſie ihm als ſein eigen Gut,
das er in Anſpruch nehmen kann, wo er's
findet, und das man ihm ohne die höchſte
Unbilligkeit nicht vorenthalten kann, und um

so mehr, da es zu jenen allgemeinen Gütern gehört, die man nicht verliert, wenn man sie andern mittheilt.

Was diejenigen Wahrheiten anbetrift, welche auf keine Art nützen, weder zum Unterricht, noch zur Ausübung, so können sie kein schuldiges Gut genannt werden, weil sie nicht einmal ein Gut sind, und weil das Eigenthum sich nur auf den Nutzen gründet; wo kein Nutzen möglich ist, da giebt es kein Eigenthum. Man kann ein unfruchtbares Erdreich als Eigenthum besitzen, weil man wenigst auf dem Boden wohnen kann; aber ein ganz unbedeutendes, in jeder Rücksicht gleichgültiges Faktum, das für keinen Menschen von Folgen ist, es sey wahr oder falsch, interessirt auch keinen Menschen.

In der moralischen Ordnung ist, so wie in der physischen, nichts ohne Nutzen. Nichts kann nothwendig seyn, was nicht seinen wirklichen oder möglichen Nutzen hat. Nothwendige oder schuldige Wahrheit ist nur diejenige,

welche

welche die Gerechtigkeit interessirt, und es
heißt den Namen der Wahrheit entheiligen,
wenn man ihn eiteln Dingen beilegt, deren
Existenz allen Menschen gleichgültig, und
deren Kenntniß unnütz ist. Eine Wahrheit
ohne allen Nutzen ist also eine Sache, die
man nicht schuldig seyn kann, und folglich
lügt derjenige nicht, der eine solche Wahrheit
verschweigt oder verstellt.

Giebt es aber auch solche ganz fruchtlose
Wahrheiten, die in aller Rücksicht unnütz sind?
Das ist ein andrer Punkt, zu dessen Untersuchung ich hernach kommen werde. Nun,
zur zwoten Frage!

Das, was wahr ist, verschweigen; und
das, was unwahr ist, sagen, sind zwei sehr
verschiedene Fälle, woraus aber doch einerlei
Wirkung entspringen kann; denn das Resultat ist gewiß immer dasselbe, wenn die
lung nichtig ist. Wo nur immer die
heit gleichgültig ist, da ist der ihr
gesezte Irrthum auch gleichgültig,

folgt, daß derjenige, welcher betriegt, indem
er das Gegentheil der Wahrheit sagt, nicht
unbilliger handelt, als derjenige, welcher
durch das Verschweigen der Wahrheit be=
triegt; denn in Betref unnützer Wahrheiten
ist der Irrthum nicht schlimmer, als die
Unwissenheit. Ob ich den Sand im Grunde
des Meeres für roth oder weiß halte, das
thut eben so viel, als ob ich gar nicht weiß,
von welcher Farbe er ist. Wie kann man
ungerecht seyn, wenn man niemanden scha=
det, da die Ungerechtigkeit nur in dem Nach=
theil besteht, den man andern zufügt?

Aber diese summarisch entschiedene Fragen
verschaffen mir noch keine praktische Anwen=
dung ohne viele vorhergehende Erläuterungen,
die nöthig sind, um mit Genauigkeit in allen
Fällen die Anwendung zu machen. Denn,
wenn die Schuldigkeit, die Wahrheit zu sa=
gen, von dem Nutzen der Wahrheit abhängt,
wie kann ich selbst über diesen Nutzen urthei=
len? Oft ist des Einen Vortheil des Andern
Schaden; der Privatnutzen ist mit dem all=

gemei=

gemeinen fast immer im Widerspruch. Wie
soll man sich in solchen Fällen verhalten?
Soll man den Vortheil des Abwesenden dem
Vortheil desjenigen, mit welchem man spricht,
aufopfern? Soll man eine Wahrheit, die
dem Einen nüzt und dem Andern schadet,
sagen oder nicht? Soll man alles, was man
sagen muß, nach dem Maaß des allgemeinen
Besten oder nach dem Maaß der distributi-
ven Gerechtigkeit erwägen? Und bin ich gewiß, daß ich die Verhältnisse der Sache so
genau einsehe, um die Erklärungen, die ich
von mir gebe, allezeit nach den Regeln der
Billigkeit zu vertheilen? Noch mehr! wenn
ich untersuche, was ich andern schuldig bin,
hab ich dann auch hinlänglich untersucht,
was ich mir selbst und der Wahrheit an sich
selbst schuldig bin? Wenn ich einem andern
nicht schade, indem ich ihn anführe, folgt
daraus, daß ich auch mir nicht schade?
Und ist man deßhalb allezeit unschuldig, weil
man niemals ungerecht war?

Man

Man könnte sich auf einmal dieser ver‑
wirrten Fragen überheben, wenn man sagte:
Sei immer wahr und aufrichtig, es entstehe
daraus, was da wolle! Die Gerechtigkeit
selbst besteht in der Wahrheit der Dinge; die
Lüge ist immer unbillig und der Irrthum
Betrug, wenn man das, was nicht ist, für
eine Richtschnur des Glaubens und Handelns
angiebt; und was auch für Folgen aus der
Wahrheit entstehen mögen, so ist man stets
schuldlos, wenn man sie gesagt hat, weil
man nichts von dem seinigen hinzusezt.

Aber das hieß den Knoten zerschneiden,
nicht auflösen. Die Frage war nicht, ob es
allezeit gut wäre, die Wahrheit zu sagen,
sondern ob man allezeit dazu verbunden wäre;
und da nun nach der Definition, die ich
untersuchte, dieß verneint ward, so bleibt
übrig, die Fälle zu unterscheiden, wo die
Wahrheit strenge Schuldigkeit ist, von den
Fällen, wo man sie ohne Ungerechtigkeit ver‑
schweigen und ohne Lüge verhüllen kann;
denn ich hab gefunden, daß es dergleichen

Fälle

Fälle giebt, und hier ist es nun darum zu
thun, eine sichere Regel zu suchen, nach
welcher man sie erkennen und genau bestim=
men kann.

Aber wo soll man diese Regel und den
Beweis ihrer Unfehlbarkeit finden? — In
allen moralischen Zweifeln, die so verwirrt,
wie dieser sind, befand ich mich immer bes=
ser dabei, wenn ich sie nach dem Ausspruche
meines Gewissens auflöste, als wenn ich der
Leitung meiner Vernunft folgte. Nie betrog
mich der moralische Instinkt: er hat sich bis=
heran in meinem Herzen so rein erhalten, daß
ich mich darauf verlassen kann; und wenn
auch die Leidenschaften ihn manchmal bei
meinem Betragen ersticken, so erwacht er
wieder in meiner Erinnerung. Dann richte
ich mich selbst vielleicht eben so strenge, als
mich nach diesem Leben der höchste Richter
richten wird.

Wollte man die Reden der Menschen nach
den Wirkungen, die sie veranlassen, beurthei=
len,

len; so würde man sie oft unrichtig schätzen.
Diese Wirkungen sind nicht allezeit merklich
und leicht zu erkennen, und dann sind sie
auch so mannichfaltig als die Umstände,
worinn man spricht. Nur die Absicht des
Sprechenden bestimmt den Werth seiner Re=
den und den Grad ihrer Güte oder Bosheit.
Eine Unwahrheit sagen, ist nur in so weit
eine Lüge, als man dabei die Absicht hat zu
betrügen; und selbst die Absicht zu betrügen
ist nicht stets mit der Absicht zu schaden ver=
bunden, sondern hat oft das Gegentheil zum
Endzweck. Aber eine Lüge ist deswegen
nicht unschuldig, wenn man nicht ausdrück=
lich damit zu schaden dachte; man muß
auch gewiß seyn, daß der Irrthum, in wel=
chen man denjenigen, mit welchem man
spricht, verleitet, weder ihm noch sonst je=
manden auf eine Weise schaden kann. Diese
Gewißheit ist schwer und selten, eben so selten,
als eine ganz unschuldige Lüge. Zu seinem
eignen Vortheil lügen ist Betrug; zum Vor=
theil eines andern lügen, ist Arglist; lügen,
um zu schaden, ist Verläumdung, die ab=

F 5

schen=

scheulichste unter allen Lügen. Wenn man aber eine Unwahrheit sagt, die keinem Menschen weder nützt noch schadet, so ist's keine Lüge, sondern eine Erdichtung.

Solche Erdichtungen über einen moralischen Gegenstand nennt man Apologien oder Fabeln; und da ihr Endzweck ist, nützliche Wahrheiten in eine sinnliche angenehme Gestalt zu verhüllen, so sucht man darinn nicht die Unwahrheit des Faktums zu verbergen: denn das ist nur das Kleid der Wahrheit; und wer eine Fabel als eine Fabel sagt oder schreibt, der lügt keineswegs.

Es giebt auch andre ganz müßige, unnütze Erdichtungen; zu dieser Gattung gehören die meisten Erzählungen und Romane, die zu keiner wahrhaften Belehrung, sondern nur zur Unterhaltung dienen. Diese haben keinen moralischen Nutzen, und man muß sie nach der Absicht ihres Erfinders beurtheilen. Giebt er sie für wirkliche Wahrheiten aus, so heißt das in der That gelogen. Doch pflegt man

man sich aus diesen Lügen kein Gewissen zu
machen. Wenn z. B. der gnidische Tem-
pel einen moralischen Endzweck hat, so ist
dieser Endzweck durch die unsittliche Stellen
und wollüstige Gemälde sehr verdunkelt und
vereitelt. Was that der Verfasser, um dem
Dinge einen Anstrich von Ehrbarkeit zu geben? Er gab sein Werk für die Uibersetzung
eines griechischen Manuscripts aus, und er
erzählte die Geschichte der Entdeckung dieses
Manuscripts auf eine sehr geschickte Art, um
die Leser von der Wahrheit zu überreden.
Wenn das keine Lüge ist, so möcht' ich wissen, was Lügen heißt. Wem fiel es unterdessen ein, dem Verfasser diese Lüge als ein
Verbrechen vorzuwerfen, und ihn für einen
Betrieger zu halten?

Man wird sagen, daß das ein schrift-
stellerischer Spaß ist, daß der Verfasser durch
seine Erzählung keinen Menschen wollte überreden, daß er auch in der That keinen Menschen überredet habe, und daß das Publikum
keinen Augenblick gezweifelt habe, ob er der
Ver-

Verfaſſer des Werkes, das er für eine Uiber=
ſetzung ausgab, ſelber ſey. Ich aber halte
dafür, daß ein ſolcher Spaß ohne allen End=
zweck eine ſehr alberne Kinderei iſt, daß ein
Lügner darum nicht weniger lügt, wenn nie=
mand ſeine Lüge glaubt; daß man das auf=
geklärte Publikum wohl unterſcheiden müſſe
von der einfältigen, leichtgläubigen Menge,
die durch die Geſchichte des Manuſcripts,
von einem ernſthaften Author in einem auf=
richtigen Tone erzählt, getäuſcht ward, und
die ohne Furcht das Gift aus einem antiken
Becher tranken, vor welchem ſie ſich in Acht
genommen hätten, wenn man es ihnen in
einem modernen Geſchirr hätte reichen wollen.

Ob dieſe Diſtinktionen in Büchern ſtehen
oder nicht, ſo liegen ſie doch in dem Herzen
eines jeden, der gegen ſich ſelbſt aufrichtig iſt,
und der ſich nichts erlaubt, was ihm ſein
Gewiſſen vorwerfen könnte. Denn zu ſeinem
eignen Vortheil eine Unwahrheit ſagen, iſt
eben ſo viel, als zum Nachtheil eines andern
lügen, wie wohl die Lüge nicht ſo ſträflich iſt.

Einen

Einen Vortheil dem verschaffen, der ihn nicht verdient, heißt die Ordnung der Billigkeit stören; sich selbst oder einem andern eine Handlung zueignen, aus welcher Lob oder Tadel, Anklagung oder Entschuldigung entspringen kann, ist ungerecht. Eine jede Unwahrheit, die die Gerechtigkeit beleidigt, ist eine Lüge. Das ist die genaue Grenzlinie; aber eine Unwahrheit, die auf keine Art die Gerechtigkeit interessirt, ist nur eine Erdichtung, und ich gestehe, daß derjenige, welcher sich eine solche Erdichtung als eine Lüge vorwirft, ein zärtlichers Gewissen hat, als ich.

Was man dienstfertige Lügen zu nennen pflegt, sind wahre Lügen, weil es eben so ungerecht ist, zum Vortheil eines andern oder seiner selbst zu lügen, als zum Nachtheil. Wer der Wahrheit zuwider lobt oder tadelt, der lügt, wenn die Rede von einer wirklichen Person ist. Betrifts aber ein eingebildetes Wesen, so kann man, ohne zu lügen, davon sagen, was man will; nur muß man über die Moralität der erdichteten Thatsachen nicht

falsch

falſch urtheilen, denn ſonſt löge man gegen die moraliſche Wahrheit, die weit ehrwürdiger iſt, als die hiſtoriſche.

Ich habe von denen Menſchen gekannt, die man in der Welt aufrichtig und wahrhaft nennt. Ihre ganze Wahrhaftigkeit erſchöpft ſich in gleichgültigen Geſellſchaften damit, daß ſie getreulich den Ort, die Zeit, die Perſonen nennen, keinen Umſtand hinzu dichten, nichts vergrößern. In allen Dingen, die ſie nichts angehen, erzählen ſie mit der äußerſten Genauigkeit. Aber gilts ihrer eignen Sache, ſollen ſie ein Faktum erzählen, das ſie betrift; ſo wenden ſie die beſten Farben an, um es in dem vortheilhafteſten Licht zu zeigen; eine für ſie vortheilhafte Lüge, wenn ſie ſie nicht ſelbſt ſagen, begünſtigen ſie doch auf eine geſchickte Art, ſo, daß man ſie ihnen nicht aufbürden kann. Das will die Klugheit: Gute Nacht Wahrheit!

Der Menſch, den ich wahrhaft nenne, thut gerade das Gegentheil. In ganz gleich=
gülti=

gültigen Dingen, wo jener die Wahrheit so
sehr verehrt, kümmert sie ihn wenig, und er
würde sich kein Gewissen daraus machen, zur
Unterhaltung einer Gesellschaft selbst Erzäh=
lungen zu erdichten, woraus kein unbilliges
Urtheil weder zum Nutzen oder zum Schaden
irgend eines Menschen in der Welt entstehen
kann. Aber er wird nie etwas denken, reden
oder schreiben, was gegen Wahrheit und Bil=
ligkeit für jemanden Vortheil oder Nachtheil,
Achtung oder Geringschätzung, Lob oder Ta=
del hervorbringen könnte. Er ist gründlich
wahrhaft auch gegen seinen Nutzen, wie=
wohl er es in gleichgültigen Dingen nicht zu
scheinen trachtet. Er ist **wahrhaft**, weil
er niemanden anführen will, weil er der
Wahrheit, die ihn anklagt, eben so getreu ist,
als der, die ihm Ehre bringt, weil er nie zu
seinem Nutzen oder zum Schaden seines Fein=
des lügt. Der Unterschied zwischen meinem
wahrhaften Manne und dem ersten besteht
darinn, daß dieser mit strenger Pünktlichkeit
der Wahrheit, die ihn nichts kostet, anhängt,
aber mehr nicht; daß mein Mann aber der
Wahr=

Wahrheit nie getreuer ist, als wenn er sich ihr aufopfern muß.

Man wird sagen, daß so viel Nachgiebigkeit mit einer so warmen Liebe für die Wahrheit nicht bestehen kann; daß diese Liebe unächt sey, weil sie viel Ausnahmen duldet; nein, sie ist rein und wahr: aber sie ist nur so zu sagen ein Ausfluß von der Liebe zur Gerechtigkeit, und sie kann nicht falsch seyn, wiewohl sie oft nur in der Einbildung besteht. Gerechtigkeit und Wahrheit hält der Mann für zwey gleichvielbedeutende Wörter, und nimmt ohne Unterschied eines für das andere. Die heilige Wahrheit, die sein Herz anbethet, besteht nicht in gleichgültigen, sachlosen Namen, sondern in der Bereitwilligkeit, einem jeden das zu geben, was ihm wirklich gehört, es bestehe in Lob oder Tadel, Anklag oder Entschuldigung. Er lügt nicht, weder gegen einen andern, denn das läßt seine Billigkeit nicht zu, und er will niemanden unbilligerweise schaden; noch für sich selbst, denn das verbietet ihm sein Gewissen, und

und er kann sich nichts zueignen, was ihm
nicht gehört. Was ihm am meisten anliegt,
ist seine eigne Achtung: die kann er am
wenigsten entbehren; und er würde einen
wahren Verlust empfinden, wenn er die Achtung andrer auf Kosten seiner eignen erwerben müßte. Er wird also manchmal ohne
Gewissensangst und ohne ans Lügen zu denken in unbedeutenden Dingen lügen, nie aber
zu andrer oder seinem eignen Vortheil oder
Schaden. In allem, was historische Wahrheit, das Betragen der Menschen, Gerechtigkeit, Geselligkeit und nüzliche Kenntnisse
betrift, wird er, so viel ihm möglich ist, sich
und andre vor Irrthum bewahren. Außer
diesem kennt er keine Lüge. Wenn der Tem-
pel von Gnidos eine nüzliche Schrift ist,
so ist die Geschichte des griechischen Manuscripts eine sehr unschuldige Erdichtung; eine
sehr strafbare Lüge wär's, wenn das Werk
gefährlich ist.

Das waren die Regeln meines Gewissens
in Betref der Lüge und der Wahrheit. Mein

G   Herz

Herz befolgte sie maschinenmäßig, ehe sie
meine Vernunft noch erkannte, und mein
moralischer Instinkt machte die Anwendung
davon. Die abscheuliche Lüge, wodurch die
arme Marion unglücklich ward, ließ mir
unauslöschliche Gewissensbisse zurück, die
mich für mein ganzes Leben nicht nur vor
einer ähnlichen, sondern auch vor jeder an=
dern Lüge, die auf eine Art dem Nutzen oder
Ruf eines Menschen zu nahe treten könnte,
bewahrten. Da ich also im allgemeinen jede
Lüge verabscheute, so war ich der Mühe über=
hoben, den Vortheil oder Nachtheil genau zu
erwägen, und die Grenzen zwischen einer
schädlichen und dienstfertigen Lüge zu bestim=
men: ich hielt sie beide für strafbar, und er=
laubte mir keine.

In diesen, wie in allen andern Dingen,
hatte mein Temperament einen starken Ein=
fluß auf meine Maximen: denn ich handelte
nicht nach Regeln, und folgte in keinem
Stück andern Regeln, als dem Antrieb mei=
nes Naturells. Nie kam mir eine überdachte
Lüge

Lüge in den Sinn; ich hab nie zu meinem
Vortheil gelogen, aber oft aus Schaam, um
mir aus einer Verlegenheit zu helfen in ganz
gleichgültigen oder mich allein betreffenden
Dingen. Wenn ich eine Gesellschaft unter=
halten sollte, so nöthigte mich oft die Lang=
samkeit meiner Ideen mich mit Erdichtungen
zu behelfen, damit ich doch etwas zu sagen
hatte. Wenn ich nothwendigerweise reden
muß, und mein Geist nicht geschwind genug
auf unterhaltende Wahrheiten verfällt, so er=
zähle ich Mährchen, um nicht stumm dazu=
sitzen; aber in Erfindung dieser Fabeln bin
ich sehr behutsam, daß sie nicht zu Lügen
werden, das heißt: daß sie nicht die Gerech=
tigkeit oder Wahrheit beleidigen, und nur
solche Erdichtungen sind, die der ganzen Welt
und mir selbst gleichgültig sind.

Mein Wunsch wäre freilich immer, wenn
nicht] historische, doch moralische Wahrheit
damit verbinden zu können, nämlich solche
natürliche Bewegungen des menschlichen Ge=
müths u. s. w. vorzustellen, woraus eine
G 2   nütz=

nützliche Belehrung geschöpft werden könnte;
kurz, ich möchte gern aus meinen Erdichtun=
gen wahre Fabeln oder Apologien machen;
allein ich habe nicht Gegenwart des Geistes,
und nicht Geläufigkeit der Sprache genug,
um etwas lehrreiches in das gesellschaftliche
Geschwätz zu bringen. Sein Gang ist ge=
schwinder, als der Gang meiner Ideen, und
dadurch werde ich fast allezeit genöthigt zu
reden, ehe ich denken kann; so entfuhr mir
oft eine Sottise oder Ungereimtheit, die meine
Vernunft und mein Herz, indem sie mir ent=
wischte, mißbilligte; aber die Censur kam
zu langsam.

Eben dieser erste, unwiderstehliche Trieb
meines Temperaments ist schuld, daß ich oft
in überraschenden Augenblicken aus Furcht
oder Schaam eine Lüge sage, woran mein
Wille keinen Theil hat; sie kommt ihm eini=
germaßen zuvor, weil ich auf der Stelle
antworten muß. Das Andenken der armen
Marion kann mich zwar vor einer jeden
schädlichen Lüge bewahren, aber nicht vor
solchen,

ſolchen, die mich aus einer Verlegenheit
reiſſen, wenn's mich allein betrift, und dieß
iſt doch eben ſo ſehr gegen mein Gewiſſen
und meine Grundſätze, als eine Lüge, die
auf einen andern Einfluß haben kann.

Ich rufe den Himmel zum Zeugen an,
daß, wenn ich den Augenblick hernach die
Lüge, die mich entſchuldigt, zurück nehmen,
und die Wahrheit, die mich anklagt, ſagen
könnte, ohne mich einer neuen Beſchämung
auszuſetzen, ich dieſes mit der größten Freude
thun würde; aber die Schande, mich ſelbſt ei⸗
nes Fehlers zu beſchuldigen, hält mich zurück,
und ich bereue meinen Fehler aufrichtig,
wage es aber nicht, ihn wieder gut zu
machen. Ein Beiſpiel wird das, was ich
ſagen will, beſſer erklären und zeigen, daß
ich nicht aus Eigennutz, nicht aus Eigenliebe,
noch weniger aus Neid oder Bosheit lüge,
ſondern nur aus Verlegenheit und falſcher
Schaam, auch ſelbſt dann, wann ich weiß,
daß man meine Lüge als eine Lüge erkennt,
und daß ſie mir zu nichts dient.

Vor einiger Zeit ließ ich mich vom Hrn.
F*** gegen meine Gewohnheit dahin überreden, daß ich mit ihm, dem Hrn. B***
und meiner Frau zu einer Mahlzeit en pic-
nic in dem Hause der Frau *** gieng, welche
mit ihren zwo Töchtern dabei war. Der
ältesten, die seit kurzem verheirathet und
schwanger war, ...*) fiel es mitten
unter der Mahlzeit auf einmal ein, mich
starr anzusehen, und zu fragen, ob ich Kinder gehabt hätte. Ich erröthete bis über die
Ohren, und antwortete, daß ich nicht so
glücklich gewesen wäre. Sie lächelte schalk-
haft, und sah' die Gesellschaft an. Das
alles war nicht dunkel, auch für mich nicht.

Es ist gewiß, daß das die Antwort nicht
war, die ich hatte geben wollen, auch wenn
meine Absicht gewesen wäre, zu hintergehen;
denn wie die Gesellschaft einmal gestimmt
war, so konnte ich versichert seyn, daß meine
Antwort ihre Meinung über diesen Punkt
nicht

*) Diese Punkte bedeuten einige Worte im
Manuscript, die man nicht lesen konnte.

nicht ändern werde. Man erwartete, daß
ich nein sagen werde, und that sich was zu
gute darauf, mich zum Lügen gebracht zu
haben, das empfand ich wohl. Zwo Minu-
ten hernach kam mir die Antwort, die ich
hatte geben sollen, von selbst. Die Frage
ist ein wenig unbescheiden von einer
jungen Frau an einen Mann, der als
Junggesell alt geworden ist. Mit diesen Worten hätte ich, ohne zu lügen, oder
durch ein Geständniß erröthen zu dürfen, die
Lacher auf meine Seite gebracht, und ihr
eine kleine Lektion gegeben, die sie natür-
licherweise ein wenig vorsichtiger gemacht
haben würde, an mich eine Frage zu stellen.
Von dem allem that ich nichts; was ich
hätte sagen sollen, sagte ich nicht; was ich
nicht hätte sagen sollen, und was mir zu
nichts in der Welt nützte, das sagte ich.
Mein Wille und mein Verstand hatten also
keinen Theil an meiner Antwort, sie war
blos die maschinenmäßige Wirkung meiner
Verlegenheit. Sonst war ich so verlegen
nicht, und gestand meine Fehler mit mehr

Frei-

Freimüthigkeit, als Schaam, denn ich zweifelte nicht, daß man auch das bemerkte, was ich in mir fühlte, und meine Fehler ersezte; aber der Blick des Spottes thut mir wehe, und bringt mich aus meiner Fassung; indem ich unglücklicher ward, ward ich auch furchtsamer, und ich log nie, als aus Furchtsamkeit.

Niemals hab ich meinen natürlichen Abscheu vor dem Lügen besser empfunden, als da ich meine Bekenntnisse schrieb; denn da war die Versuchung stark und lockend, wenn ich nur im mindesten von dieser Seite schwach gewesen wäre. Aber weit entfernt, daß ich etwas verschwiegen, oder einen Umstand, der mir zur Last fallen konnte, verstellt hätte, so fühlte ich vielmehr eine Neigung in mir, im Gegentheil zu lügen. Ich kann diese Wendung meines Geistes nicht erklären, und vermuthlich war meine Abneigung vor aller Nachahmung daran schuld. Ich hätte mich lieber allzustrenge angeklagt, als mit zu viel Nachsicht entschuldigt, und mein Gewissen ist mir

mir Bürge, daß ich einst nicht strenger gerichtet werde, als ich mich selbst richtete.
Ja, ich sage und fühle es mit einer stolzen
Erhebung der Seele, daß ich bei dieser Schrift
aufrichtiger, wahrhafter und freimüthiger zu
werke gegangen bin, als je ein Mensch gethan hat; da ich einsah', daß des Guten
mehr war, als des Bösen, so war's mein
Vortheil, alles zu sagen, und das that ich.

Ich hab nie weniger gesagt, manchmal
mehr, nicht aber in Thatsachen, sondern in
den Umständen; und diese Lüge war eher
eine Wirkung meiner Einbildungskraft, als
meines Willens. Ich habe Unrecht, daß
ich's eine Lüge nenne, denn das war von
diesen Zusätzen keiner. Ich schrieb meine
Bekenntnisse, da ich schon alt war, und mir
eckelte schon ob den Freuden des Lebens, die
ich alle verkostet, und die mein Herz leer und
unzureichend gefunden hatte. Ich schrieb
aus dem Gedächtniß, und das fehlte mir
oft, oder gab mir nur unvollkommne Erinnerungen, und ich fühlte die Lücken durch

Um-

Umſtände, die mir meine Einbildungskraft
angab, die aber nie dieſen Erinnerungen
widerſprechend waren. Ich hielt mich mit
Vergnügen bei den glücklichen Augenblicken
meines Lebens auf, und ich verſchönerte ſie
manchmal mit Zierrathen, die aus ihrem
Andenken floſſen. Dinge, die ich vergeſſen
hatte, ſagte ich ſo, wie ich glaubte, daß ſie
geweſen ſeyn mußten, wie ſie auch in der
That vielleicht waren; aber nie ſagte ich
etwas anders, als ich mich deſſen erinnerte.
Ich gab der Wahrheit manchmal fremde
Reize, aber nie bediente ich mich der Lüge,
um einen Fehler zu bemänteln, oder um mir
eine Tugend anzumaßen. Sollte ich auch
ein oder das anderemal, indem ich mich im
Profil zeichnete, meine häßliche Seite ver-
ſteckt haben; ſo ward dieſe Abweichung durch
andre weit ſeltſamere erſezt, da ich oft das
Gute ſorgfältiger verſchwieg, als das Böſe.
Dieſe Beſonderheit meines Karakters werden
die Menſchen nicht leicht glauben, und es iſt
ihnen zu verzeihen; aber ſo unglaublich ſie
auch iſt, ſo iſt ſie doch nicht weniger wahr.

Ich

Ich erzählte oft das Böse in seiner ganzen
Häßlichkeit, selten aber zeigte ich das Gute
in seiner liebenswürdigsten Gestalt, und oft
verschwieg ich's gar, weil es mir zu rühm-
lich war, und weil man geglaubt hätte,
statt meiner Bekenntnisse wollte ich meine
Lobreden schreiben. Ich beschrieb meine Ju-
gendjahre, ohne mich der glücklichen Eigenschaften, mit welchen mein Herz begabt war,
zu rühmen; ja, ich unterdrückte sogar Thatsachen, die sie zu viel in's Licht sezten. Ich
erinnere mich hier zwei solcher Vorfälle meiner Kindheit, die mir alle beide einfielen,
als ich meine Bekenntnisse schrieb; aber ich
verschwieg sie aus oben angeführten Ursachen.

Fast alle Sonntäge brachte ich zu Pa-
quis bei dem Hrn. Fazy zu, der eine von
meinen Tanten geheirathet hatte, und eine
Zitzfabricke alldort besaß. Einst befand ich
mich in dem Zimmer, wo die Mange stand,
und ich betrachtete die gegossenen ehernen
Walzen. Ihr Glanz gefiel meinem Auge,
und ich ward versucht, meine Finger darauf

zu legen, und ich rieb sie auf der glatten
Fläche des Cylinders sanft hin und her, als
der junge Fazy, der in das Rad getreten
war, dasselbe halb umdrehete, so, daß die
Spitzen meiner zwei längsten Finger hinein-
kamen; sie wurden zerquetscht, nnd die zwei
Nägel blieben darinn. Ich schrie, und Fazy
drehte das Rad um; aber die Nägel waren
ganz weg, und das Blut floß von meinen
Fingern. Der erschrockene Fazy weint, springt
aus dem Rade, umarmt und bittet mich,
nicht zu weinen, sonst wär er verloren. Mitten in meinen Schmerzen rührte mich der
seinige. Ich schwieg; Fazy half mir meine
Finger waschen und stillte das Blut mit
Moos. Mit Thränen bat er mich, ihn nicht
anzuklagen. Ich versprach ihm's, und hielt
es so genau, daß nach zwanzig Jahren noch
kein Mensch wußte, woher meine zwei Finger
die Wundmale hatten: denn die blieben allezeit. Ich mußte über drei Wochen lang im
Bette bleiben, und konnte mich während drei
Monaten meiner Hand nicht bedienen. Ich
sagte, daß ein großer Stein auf meine Finger
gefallen sei.   Nagna-

' Magnanima menzàgna! or quando è ll vero
Si bello che fi poffa à te preporre?

Diefer Vorfall ward mir dannoch durch die
Umſtände ſehr empfindlich: denn es war eben
um die Exercierzeit, da die Bürgerſchaft ma-
növrirte, und drei andre Kinder von meinem.
Alter waren mit mir übereingekommen, in
Uniform mit der Kompagnie meines Viertels
zu exercieren. Ich mußte den Kummer erleben, daß ich meine Kameraden mit der
Trommel unter meinem Fenſter vorüberziehen
hörte, da ich im Bette lag.

Meine andre Geſchichte iſt dieſer ganz
ähnlich, aber aus einem reifern Alter.

Ich ſpielte Mail zu Plain-Palais mit
einem meiner Kameraden, Namens Plince.
Unterm Spiel bekamen wir Streit, und rauf-
ten miteinander. Plince gab mir mit der
Maße einen ſo derben Schlag auf den Kopf,
daß er mit einem ſtärkern Arm mir das Ge-
hirn eingeſchlagen haben würde. Ich fiel
auf

auf der Stelle nieder. In meinem Leben sah
ich keine so heftige Bewegung, als in welche
der arme Jüngling gerieth, da er Blut durch
meine Haare fließen sah. Er glaubte mich
ermordet zu haben. Er stürzte auf mich,
umarmte mich, drückt mich fest an seine Brust
und zerfließt in Thränen. Ich umarme ihn
auch, so stark ich kann, weine, wie er, und
dieses undeutliche Gefühl war nicht ohne
Wollust. Er bemühte sich endlich, mein Blut
zu stillen; und da unsre beide Schnupftücher
nicht hinreichten, so schleppte er mich in den
Garten seiner Mutter, der nahe dabei gele=
gen war. Diese gute Frau wäre bald in
Ohnmacht gefallen, als sie mich in diesem
Zustand erblickte. Nachdem sie meine Wunde
wohl ausgewaschen hatte, legte sie mir Lilien=
blumen, die in Brandwein macerirt waren,
darauf; dieß ist ein vortreflicher Wundbal=
sam, und in meinem Vaterlande sehr ge=
bräuchlich. Die Thränen dieser Dame und
ihres Sohnes rührten mein Herz dergestalten,
daß ich sie beide lange Zeit hindurch wie
Mutter und Bruder liebte, bis ich sie endlich
nicht

nicht mehr fah, und allmälich vergaß. Die=
fen Vorfall verfchwieg ich eben fo, wie den
vorhergehenden, und ich hab noch hundert
andre von der Art erlebt, die ich in meinen
Bekenntniffen nicht erwähnte: fo wenig war
mir's darum zu thun, das Gute, fo ich in
meinem Karakter empfand, herauszuftreichen.
Nein, wenn ich jemals gegen eine mir be=
kannte Wahrheit geredet habe, fo war's ge=
wiß nur in ganz gleichgültigen Dingen, und
es gefchahe mehr aus Nothwendigkeit zu re=
den, oder aus Luft zu fchreiben, als aus
Eigennutz oder aus Abficht, andern zu nutzen
oder zu fchaden. Und wer jemals meine
Bekenntniffe mit Unpartheilichkeit lefen wird
— wenn anders das gefchehen kann — der
wird finden, daß die Geftändniffe, die ich da
ablegte, weit demüthigender und härter find,
als das Geftändniß eines weit größern Uibels,
das man aber mit weniger Schaam entdecken
kann, und wovon ich keine Meldung that,
weil ich's nicht begangen hatte.

Aus

Aus diesen Betrachtungen ergiebt sich, daß die Wahrheitsliebe, die ich bekenne, sich mehr auf das Gefühl von Rechtschaffenheit und Billigkeit, als auf die Wirklichkeit der Dinge selbst, gründet, und daß ich in der praktischen Anwendung mehr der moralischen Leitung meines Gewissens, als den abstrakten Begriffen vom Wahren und Falschen gefolgt bin. Ich habe viele Fabeln gesagt, aber gelogen habe ich selten. Da ich mich an diese Grundsätze hielt, so stellte ich mich in vielen Dingen den andern bloß; aber ich habe keinem Menschen Unrecht gethan, und mir keinen Vortheil zugeeignet, der mir nicht gehörte. Mich däucht, daß nur von dieser Seite die Wahrheit eine Tugend sei. In jedem andern Betracht ist sie für uns nur ein metaphysisches Wesen, woraus weder Gutes noch Böses entsteht.

Doch ist mein Herz mit diesen Distinktionen nicht so ganz zufrieden, daß ich mich für ganz untadelhaft halten kann. Wenn ich sorgfältig erwägte, was ich andern schuldig war,

war, erwägte ich dann auch eben so sorgfäl=
tig, was ich mir schuldig bin? Wenn man
gegen andre gerecht seyn muß, so muß man
wahr seyn gegen sich selbst: das ist eine
Pflicht, die der rechtschaffne Mann seiner
eignen Würde schuldig ist. Wenn die Lang=
samkeit meiner Ideen in Gesellschaften mich
nöthigte, ihren Fehler durch Erdichtung zu
ersetzen, so hatte ich Unrecht: denn man
soll nicht, um andre zu unterhalten, sich
selbst erniedrigen; und wenn die Lust zu
schreiben mich dahin vermochte, daß ich
wirklichen Dingen erdichtete Zierrathen gab,
so hatte ich noch mehr Unrecht: denn die
Wahrheit mit Erdichtungen verschönern wol=
len, heißt sie verunstalten.

Was mich aber noch tadelhafter macht,
ist die Devise, die ich mir gewählt hatte.
Diese Devise legte mir mehr, als jedem an=
dern, die Schuldigkeit auf, der Wahrheit
streng zu folgen, und es war nicht genug,
daß ich ihr überall meinen Vortheil und meine
Neigungen aufopferte, sondern ich hätte ihr

auch meine Schwachheit und Furchtsamkeit
aufopfern sollen. Es war Muth und Stärke
nöthig, allezeit und bei jeder Gelegenheit
wahr zu seyn, und sollte nie eine Erdichtung
oder Fabel aus dem Munde und der Feder
geflossen seyn, die sich ausdrücklich der Wahrheit gewidmet hatten. Das hätte ich mir
sagen sollen, als ich diese stolze Devise nahm,
und hätte mirs, so lange ich sie führte, immer wiederholen sollen. Falschheit gab mir
nie eine Lüge ein, sondern Schwachheit;
aber das entschuldigt mich nicht. Mit einer
schwachen Seele kann man sich höchstens vor
dem Laster hüten; aber es ist Anmaßung
und Frevel, große Tugenden zu bekennen.

Diese Betrachtungen würde ich vermuthlich niemals angestellt haben, wenn mich
nicht der Abbe R*** darauf geleitet hätte.
Es ist freilich spät, um Gebrauch davon zu
machen; aber es ist doch nicht zu spät, meinen Irrthum wieder gut zu machen, und
meinen Willen wieder in die Ordnung zu
bringen: denn das ist alles, was ich hinführo

führo thun kann. In diesem also und allen
ähnlichen Dingen ist die Maxime des Solon
für jedes Alter anwendbar, und es ist nie
zu spät, auch von seinen Feinden zu lernen,
weise, wahr und bescheiden seyn, und nicht
zu viel auf sich selbst trauen.

Fünf:

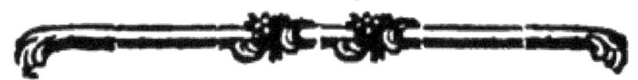

Fünfter Spaziergang.

Unter allen Wohnungen, die ich hatte (und ich hatte deren sehr schöne) war ich in keiner vergnügter, und denke an keine lieber zurück, als an die St. Peterinsel, mitten auf dem See von Bienne. Diese kleine Insel, die man zu Neufchatel die de la Motte=insel nennt, ist sehr wenig bekannt, auch selbst in der Schweiz. Kein Reisender, so viel ich weis, thut von ihr Erwähnung. Doch ist sie sehr angenehm und ungemein gut gelegen für das Glück eines Menschen, der gern im Stillen lebt; denn wiewohl ich der einzige in der Welt bin, dem sein Schicksal ein Gesetz daraus gemacht hat, so glaube ich doch

doch nicht der einzige zu seyn, der eine so
natürliche Neigung dazu fühlt, wiewohl ich
sie bisheran noch bei keinem andern fand.

Die Ufer des See's von Bienne sind
wilder und romantischer als am Genfer See,
weil die Felsen und Wälder, die den See
umgränzen, näher ans Wasser gehen; aber
sie sind nicht minder angenehm. Wenn es
hier weniger angebaute Felder und Weinberge,
Dörfer und Häuser giebt, so giebt es mehr
natürliches Grün, mehr Wiesen, schattigte
Gebüsche, kontrastirende Lagen und auffallende
Prospekte. Da es in dieser glücklichen Gegend keine zum Fahren bequeme Straßen
giebt, so wird sie selten von Reisenden besucht; aber sie ist vortreflich für einsame
Denker, die sich gern an den Reizen der
Natur erquicken, und sich in gedankenvollem
Schweigen sammeln, das durch nichts kann
gestört werden, als durch das Geschrei der
Adler, das unterbrochene Gezwitzer einiger
Vögel und das Geräusch der Bäche, die vom
Berge stürzen. Dieses schöne, beinahe runde

Becken

Becken schließt in seiner Mitte zwo kleine Inseln ein; die eine, fast eine halbe Meile im Umkreis, ist bewohnt und angebauet; die andre ist kleiner, öde, und wird einst ganz vernichtet werden durch die Ladungen von Erde, die man unaufhörlich davon wegführt, um die durch Sturm und Wellen verursachte Beschädigungen an der großen zu ergänzen. So muß der Schwächere immer zur Vergröß̱serung des Starken dienen.

Es ist auf der ganzen Insel nur ein einsziges aber großes, angenehmes und bequemes Haus, welches, wie die ganze Insel, dem Hospital von Bern zugehört, und von dem Einnehmer nebst seiner Familie bewohnt wird. Er hält da sehr vieles Geflügel und hat Fischsbehältnisse. So klein die Insel ist, so ist sie doch sehr mannigfaltig in ihren Erdstrichen und Gegenden; sie bietet verschiedene Aussichten dar und verträgt allerhand Bauarten. Man siehet da Felder, Weingärten, Gehölze, fette Weiden von kleinen Wäldchen beschatstet und von allerlei Gesträuch umzäunt, das

von

von dem vorbeifließenden Wasser stets frisch
erhalten wird; eine hohe Terrasse, worauf
zwo Zeilen von Bäumen gepflanzt sind, fas=
set die Insel der Länge nach ein, und in der
Mitte dieser Terrasse steht ein hübscher Saal,
wo die Bewohner der nahen Gestade sich
während der Weinlese Sonntags zum Tanze
versammeln.

Auf diese Insel flüchtete ich mich nach der
Versteinigung zu Motiers. Ich fand den
Aufenthalt so reizend, und ich lebte so ganz
nach meinem Humor, daß ich mich entschloß,
meine Tage da zu endigen. Ich hatte keine
andre Unruhe, als durch die Furcht, man
möchte mich verhindern, dieses Vorhaben
auszuführen: denn ich nahm schon die ersten
Bemühungen meiner Feinde wahr, mich nach
Engelland zu bringen. In dieser Ahndung,
die mich beunruhigte, wünschte ich, daß man
mir diesen Ort zu einem ewigen Gefängniß
anweisen möchte, und daß man mir auf diese
Art die Macht und Hofnung genommen hätte,
ihn jemals zu verlassen. So würde ich ge=

trennt

trennt von der festen Erde, und unwissend in allem, was iu der Welt vorgeht, ihr Daseyn Vergessen haben, und sie das meinige.

Mau ließ mich nur zween Monate auf dieser Insel zubringen, aber ich würde zwei Jahre, zwei Jahrhunderte, die ganze Ewigkeit da zugebracht haben, ohne einen Augenblick Langeweile zu haben, wiewohl ich nebst meiner Gefährtinn keine andre Gesellschaft hatte, als den Einnehmer, seine Frau und sein Hausgesinde, die alle in der That sehr gute Menschen waren, und weiter nichts; aber das war eben, was ich bedurfte. Ich halte diese zween Monate für die glücklichste Zeit meines Lebens, und so glücklich, daß ich mein ganzes Leben hindurch zufrieden gewesen wäre, ohne daß einen Augenblick der Wunsch nach einem bessern Zustande in meine Seele gekommen wäre.

Was das für ein Glück war, und worin sein Genuß bestand, das wollte ich allen Menschen dieser Zeit nach der Beschreibung

der

der Lebensart, die ich da führte, zu rathen
aufgeben. Das kostbare far niente war die
erste und vorzüglichste dieser Vergnügungen,
die ich in ihrer ganzen Lieblichkeit genießen
wollte, und alles, was ich während meinem
dasigen Aufenthalt that, war in der That
nichts, als die angenehme und nothwendige
Beschäftigung eines Menschen, der sich der
Muße gewidmet hat.

Die Hofnung, daß man nicht besser
wünschen würde, als mich in diesem einsamen Aufenthalt zu lassen, den ich selbst
wählte, woraus ich ohne Beistand und ohne
bemerkt zu werden, nicht kommen konnte,
wo ich kein Verständniß und keinen Brief-
wechsel haben konnte als durch die Beihilfe
der Menschen, die um mich waren; diese
Hofnung, sag' ich, gab mir eine andre,
nämlich meine Tage da glücklicher zu beschließen, als ich sie bisheran zugebracht
hatte, und der Gedanke, daß ich mich nun
hier nach Zeit und Muße einrichten könnte,
war schuld, daß ich keine Einrichtung traf.
Schnell, unvorgesehen und nackt kam ich

H 5   hier-

hierher, und ich ließ nach und nach meine Haushälterinn, meine Bücher und wenige Habseligkeiten kommen, wovon ich aber nichts auspackte. Ich ließ meine Küsten und Felleisen, wie sie gekommen waren, und lebte an dem Ort, wo ich mein ganzes Leben zuzubringen dachte, als in einem Wirthshause, das ich morgen wieder verlassen wollte. Alles gieng so gut, wie's war, daß man nichts daran hätte verbessern können, ohne es zu verderben. Eine meiner größten Freuden war, meine Bücher wohl eingepackt zu lassen und kein Schreibzeug zu haben. Wenn unselige Briefe kamen, die mich zum antworten nöthigten, so lehnte ich murrend vor Unwillen ein Schreibzeug vom Einnehmer, und ich war sehr eilig, es wieder zurück zu geben, in der Hofnung, es nie mehr zu brauchen. An statt jener traurigen Papierhaufen füllte ich mein Zimmer mit Blumen und Heu; denn ich war in der ersten Hitze zu botanisiren; der Doktor von Jvernois hatte mir dafür eine Neigung eingeflößt, die bald zur Leidenschaft wurde. Da ich nicht
mehr

mehr arbeiten wollte, so mußte ich doch eine
Beschäftigung zu meiner Unterhaltung haben,
die mir gefiel und mir nicht mehr Mühe verursachte, als ein fauler Mensch gern über-
nimmt. Ich nahm mir vor, die flora pe-
trinsularis zu verfassen und alle Pflanzen der
Insel zu beschreiben, ohne eine einzige aus-
zulassen, und das mit einer Genauigkeit, die
mir für mein ganzes Leben zu thun gäbe.
Man sagt, daß ein Teutscher über den Kern
einer Zitrone ein Buch geschrieben habe; ich
würde über jedes Gräschen der Wiesen, über
jedes Moos der Wälder das nämliche gethan.
kurz, ich würde das mindeste Fäserchen an
einer Pflanze, ein jedes vegetales Atome
weitläufig beschrieben haben. In Gefolge
dieses schönen Entwurfs besuchte ich alle
Morgens mit einem Vergrößerungsglas in
der Hand und meinem Systema naturæ unterm Arm eine Gegend der Insel, die ich in
kleine Viertel abgetheilt hatte, um in jeder
Jahreszeit eines nach dem andern zu durch-
gehen. Nichts ist sonderbarer als meine
Entzückungen, die ich jedesmal empfand,
wenn

wenn ich den Bau, die vegetale Organiſation
und das Spiel der Geſchlechtstheile in der
Befruchtung, deren Syſteme mir damals
ganz neu war, bemerkte. Die Unterſchei=
dung der Geſchlechtszeichen, wovon ich vor=
her keine Idee hatte, vergnügte mich unge=
mein, da ich ſie bei gemeinen Pflanzen wahr
und praktiſch fand. Tauſend kleine Spiele
der Befruchtung, die ich zum erſtenmale
bemerkte, gaben mir eine ungemeine Freude,
und wie la Fontaine fragte, ob man den
Habakuk geleſen, ſo fragte ich, ob man die
Hörner an der Brunelle geſehen habe. Nach
zwo oder drei Stunden gieng ich zurück mit
einer reichen Erndte beladen; dieſer Vorrath
diente mir zur Unterhaltung am Nachmittag,
falls es regnen ſollte. Die übrigen Stunden
des Morgens brachte ich damit zu, daß ich
mit dem Einnehmer, ſeiner Frau und The=
reſen die Arbeiter auf dem Felde beſuchen
gieng; ich legte ſehr oft ſelbſt mit Hand an,
und oft ſahen mich Berner, die mich beſu=
chen kamen, auf einem Baume ſitzen mit
einen Sack um den Leib gebunden, in den

ich

ich Früchte brach, und dann an einer Schnur
herunter ließ. Die Uibung des Morgens
und die damit nothwendig vergesellschaftete
gute Laune machte mir die Ruhe beim Mit=
tagmahl sehr angenehm ; wenn es aber zu
lange währte, und das schöne Wetter mich
einlud, so konnte ich nicht warten, bis man
aufstund. Da die andern noch am Tische
saßen, gieng ich allein in einen Kahn, ru=
derte auf die Mitte des See's, und da legte
ich mich hingestreckt auf den Boden des Kahns
mit gen Himmel gerichteten Augen, und ließ
mich so langsam vom Wasser hin und her
treiben. Auf diese Art war ich manchmal
mehrere Stunden lang in undeutliche aber
angenehme Betrachtungen versenkt, die, wenn
sie schon keinen bestimmten Gegenstand hat=
ten, mir dannoch weit mehr Vergnügen
machten, als alles, was ich von den soge=
nannten Freuden des Lebens genossen hatte.
Wenn mich die untergehende Sonne ermahn=
te, nach Hause zu kehren, so befand ich mich
oft so weit von der Insel, daß ich mit allen
Kräften rudern mußte, um vor Nacht dahin

zu kommen. Oft fuhr ich nahe an dem
Gestade hin, und das frische vom Gebüsch
beschattete Wasser lockte mich zu baden.
Aber meine meisten Schiffahrten waren nach
der kleinen Insel gerichtet: da landete ich
an und brachte ich manchen Nachmittag zu,
in dem ich unter dem Gesträuche herum spa=
zirte, oder in dem ich auf der Höhe eines
sandigten Hügels saß, der mit Gras, Blu=
men und Klee, den man vermuthlich einmal
dahin gesäet hatte, bedeckt war. Es fiel
mir ein, daß diese Gegend sehr bequem wäre,
eine Anzahl Kaninchen zu unterhalten, die
sich da gut fortbringen und ohne Schaden
vermehren könnten. Dem Einnehmer theilte
ich diese Idee mit, und er ließ Kaninchen
von Neufchatel kommen. Wir fuhren in
großer Feierlichkeit, der Einnehmer, seine
Frau, eine seiner Schwestern, Therese und
ich, die Kaninchen auf der kleinen Insel zu
etabliren; vor meiner Abreise brachten sie
schon Junge, und sie kommen gewiß gut
fort, wenn sie anders die Strenge des Win=
ters aushalten können. Die Gründung die=
ser

ſer Kolonie war ein Feſt. Der Führer der
Argonauten war nicht ſtolzer, als ich, da
ich die Geſellſchaft und die Kaninchen von
der großen Inſel zur kleinen führte, und ich
bemerkte mit Wohlgefallen, daß die Einneh=
merinn, die ſonſt das Waſſer ſcheute, und
ſich immer darauf übel befand, unter meiner
Führung mit Vertrauen ſich einſchifte, und
während der Uiberfahrt nicht die mindeſte
Furcht verrieth.

Wenn der ſtürmiſche See mir nicht er=
laubte zu fahren, ſo brachte ich meinen
Nachmittag damit zu, daß ich links und
rechts die Inſel durchgieng und Kräuter
ſammelte. Dann ſezte ich mich in eine an=
genehme, einſame Gegend, um nach meinem
Wohlgefallen zu denken; oder ich lagerte
mich auf einen Hügel, und genoß des präch=
tigen, entzückenden Anblicks der See und
ſeiner Ufer, die von einer Seite aus Gebirg
beſtanden, von der andern, aus reichen
fruchtbaren Ebenen, über welche ſich das
Geſicht in den entfernten bläulichten Bergen
verlor.

Kam

Kam nun der Abend, so stieg ich herab, und sezte mich an das Gestade in ein düstres Gebüsch; da zog das Gemurmel der Wellen und die Bewegung des Wassers meine Sinnen auf sich, verscheuchte jede andre Bewegung aus meiner Seele, und versenkte sie in wollustvolle Betrachtungen, in welchen mich oft die Nacht überfiel, ohne daß ich's wahrnahm. Die Ebbe und Fluth des Wassers, sein immerwährendes Geplätscher, das bald stärker, bald schwächer wurde, unterhielten mein Aug' und mein Ohr, und ersezten die innere Bewegung in mir, welche das Nachdenken erstickte; so fühlte ich mein Daseyn mit Vergnügen, ohne die Mühe zu haben, daran zu denken. Dann und wann dachte ich flüchtig an die Unbeständigkeit der Dinge in dieser Welt, wovon mir die Oberfläche des Wassers ein Bild darbot; aber diese leichten Eindrücke wurden bald ausgelöscht durch die fortdauerende Gleichförmigkeit der Bewegung, in der ich war, und die mich, ohne thätige Mitwirkung meiner Seele so fest hielt, daß es mich Uiberwindung kostete,

ſtete, zur Zeit und auf das verabredete Zeichen mich hinweg zu begeben.

War der Abend ſchön, ſo machten wir
alle nach der Abendmahlzeit noch einen Spaziergang auf die Terraſſe, um der kühlen See-
luft zu genießen. Man ſezte ſich in den
Saal, lachte, plauderte, ſang ein altes Lied,
das wohl ſo viel werth war, als das moderne
Getriller; und dann gieng man zu Bette,
vergnügt mit dem Tage und voll des einzigen Wunſches, morgen wieder einen ſolchen zu erleben.

Das war, wenn ich einige unvorgeſehene
und unzeitige Beſuche wegrechne, meine
Lebensart während meinem Aufenthalt auf
dieſer Inſel. Man ſage mir nun, was denn
ſo reizendes darinn war, daß es in meinem
Herzen eine ſo lebhafte, zärtliche und dauernde
Rückerinnerung hat erwecken können. Nach
fünfzehn Jahren iſt es mir unmöglich, an
dieſe geliebte Wohnung zu denken, ohne mich
mit der heftigſten Sehnſucht wieder dahin
zu wünſchen.

J   Ich

Ich habe bei den Abwechslungen eines langen Lebens bemerkt, daß nicht die Epochen des süßesten Genusses und der lebhaftesten Freuden mich durch die Erinnerung am meisten rühren. Diese kurzen Augenblicke des Taumels und der Leidenschaft, so lebhaft sie auch sind, sind doch eben ihrer Lebhaftigkeit halber, nur dünn gesäete Punkte auf der Linie des Lebens. Sie sind zu selten und zu flüchtig, um einen Zustand auszumachen. Das Glück, so mein Herz vermißt, besteht nicht in flüchtigen Augenblicken, sondern in einer einfachen, bleibenden Lage, die nichts lebhaftes hat, sondern die durch Dauerhaftigkeit immer angenehmer wird, so, daß man endlich seine höchste Glückseligkeit darinn findet.

Auf der Erde ist alles in einer immerwährenden Bewegung. Nichts behält eine stete, bleibende Gestalt und unsre Neigungen, die sich an äußerliche Dinge heften, ändern sich nothwendigerweise mit jenen. Sie sind immer vor oder hinter uns, rufen

das Vergangene, das nun nicht mehr ist, zurück, oder zählen auf das Zukünftige, das oft nicht seyn darf: es ist nichts gründliches da, woran das Herz sich fesseln könnte. Auch hat man hier nur vorübergehende Vergnügen, ich zweifle, ob ein dauerhaftes Glück bekannt sei. Kaum ist in unsern feurigsten Entzückungen ein Augenblick, von welchen das Herz mit Wahrheit zu uns sagen könnte: ich wünschte, daß dieser Augenblick ewig währte. Wie kann man eine flüchtige Verfassung, die unser Herz noch unberuhigt und leer, die uns stets noch etwas vermissen oder verlangen läßt, Glück nennen.

Giebt es aber eine Lage, in welcher sich die Seele einer gegründeten Behaglichkeit überlassen, und ihr ganzes Wesen darinn versammeln kann, ohne das Vergangene zurück und das Zukünftige herbei zu wünschen; wo die Zeit für sie Nichts ist, das Gegenwärtige immer dauert, ohne dennoch seine Dauer und eine Folge merken zu lassen; ohne eine

andre

andre Empfindung, weder von Verluſt noch
von Genuß, weder von Vergnügen noch Mißvergnügen, weder von Furcht, noch Verlangen, als die einzige Empfindung unſrer Exiſtenz, und daß dieſe Empfindung allein ſie
ganz erfüllen kann; ſo lange dieſe Lage dauert,
kann derjenige, welcher ſich darinn befindet,
ſich glücklich nennen; ſein Glück iſt nicht
unvollkommen, arm und relatif, wie das
Glück der Freuden dieſes Lebens; ſondern
genügſam und vollkommen, es läßt keine
Leere in ſeiner Seele, die ſie zu füllen wünſcht.
In einer ſolchen Lage befand ich mich auf
der St. Petersinſel bei meinen einſamen Reverien, wenn ich entweder in meinem Nachen
lag, den ich vom Waſſer treiben ließ, oder
wenn ich am Ufer ſaß, oder anderswo.

Was genießt man in einer ſolchen Lage?
Nichts, was außer uns iſt, unſer ſelbſt und
unſers Daſeyns; ſo lang dieſer Zuſtand
dauert, iſt man ſich ſelbſt genug, wie Gott.
Die Empfindung unſrer Exiſtenz, frei von
jeder andern, iſt an ſich ſelbſt ſchon koſtbar
an

an Vergnügen und Ruhe; sie allein wäre
schon hinlänglich, uns diese Existenz werth
zu machen, wenn wir jeden sinnlichen Eindruck, der diese Empfindung stört und bieß
Vergnügen verbittert, von uns entfernen
könnten. Aber die meisten Menschen sind
stets von Leidenschaften beunruhigt, sie kennen daher diesen Zustand nicht ganz, genoss-
sen ihn nur unvollkommen einige Augenblicke,
und haben nur dunkle verwirrte Begriffe
davon. Es wäre auch nicht gut, wie die
Sachen beschaffen sind, wenn sie begierig
nach diesen süßen Entzückungen an dem thä-
tigen Leben einen Ekel bekämen, zu dessen
Pflichten sie durch ihre sich immer erneuernde
Bedürfnisse verwiesen werden. Aber ein Unglücklicher, der von der Gesellschaft getrennt,
nichts Gutes und nützliches mehr thun kann,
weder für andre noch für sich, findet in diesem Zustand einen Ersatz aller menschlichen
Glückseligkeiten, die ihm weder das Schicksal noch die Menschen rauben können.

Es

Es ist wahr, daß nicht jede Seele im
stande ist, dieses Ersatzes in jeder Lage zu
genießen. Das Herz muß ruhig seyn, und
keine Leidenschaft darf seinen Frieden stören.
Derjenige, welcher dessen genießen soll, muß
dazu gestimmt seyn, und die Gegenstände,
die ihn umgeben, müssen ihn nicht hindern.
Es wird dazu weder eine gänzliche Ruhe,
noch zu viel Unruhe erfodert, sondern eine
mäßige, einförmige Bewegung ohne Erschüt-
terungen und ohne Nachlaß. Das Leben ist
eine Schlafsucht ohne Bewegung. Ist die
Bewegung ungleich oder zu stark, so weckt
sie uns auf; da sie uns auf die gegenwärtigen Gegenstände aufmerksam macht, so be-
raubt sie uns des Vergnügens zu träumen;
sie reißt uns aus uns selbst, um uns den
Augenblick dem Joche des Glückes und der
Menschen zu unterwerfen, und uns die Empfindung unsers Elendes wieder zu geben.
Ein immerwährendes Stillschweigen macht
zur Traurigkeit geneigt. Es giebt ein Bild
des Todes. Dann ist der Beistand einer
heitern Einbildungskraft nöthig, der sich
denen-

denenjenigen, die der Himmel damit begabt
hat, von selbst darbietet. Die Bewegung,
die nicht von Auffen kömmt, entsteht dann
in unserm Innern. Die Ruhe ist zwar ge=
ringer, aber desto angenehmer, wenn leichte,
liebliche Ideen, ohne die Seele in Bewegung
zu setzen, nur so zu sagen an ihrer Ober=
fläche hingleiten. Mehr bedarf's nicht, um
sich seiner selbst zu erinnern, und seine Leiden
zu vergessen. Dieser Art von Reverie kann
man überall genießen, wo man ruhig seyn
kann; und ich habe oft gedacht, daß ich in
der Bastille, ja so gar in einer Keuche, wo
kein Gegenstand mir in die Augen fiel, an=
genehme Träume und Betrachtungen haben
könnte.

Aber ich muß gestehen, daß das sich leich=
ter und vergnügter thun ließ auf einer frucht=
baren, einsamen Insel, wo ich nur lachende
Bilder sahe, wo mich nichts an etwas Be=
trübtes erinnerte, wo die Gesellschaft der
wenigen Einwohner angenehm war, ohne
jedoch so interessant zu seyn, daß sie mich

uns

unaufhörlich beschäftigt hätte, wo ich mich den ganzen Tag ohne Hinderniß und Sorg' nach meinem Geschmack beschäftigen oder gänzlich der weichsten Muße überlassen konnte. Die Gelegenheit war in der That schön für einen Träumer, der mitten unter unangenehmen Gegenständen sich an fröhlichen Chimären letzen konnte, da izt alles, was seine Sinne berührte, zu seiner Phantasei stimmte. Wenn ich nach einer langen und süßen Reverie mich mitten im Grünen sahe von Vögeln und Blumen umgeben, und meinen Blick auf die romantische Ufer warf, die eine große Strecke von hellem Wasser umgaben, so machte ich meine Träume diesen reizenden Gegenständen ähnlich; und wenn ich nach und nach zu mir selbst und zu dem, was um mich war, zurückkam, so konnte ich den Punkt, der das Geträumte von dem wirklichen unterschied, nicht bemerken, so sehr trug alles dazu bei, das einsame Leben mir in diesem schönen Aufenthalt angenehm zu machen. Warum ist es verloren? warum kann ich meine Tage nicht endigen in dieser geliebs

geliebten Infel, ohne fie jemals wieder zu
verlaffen, ohne jemals einen Bewohner der
feften Erde zu fehen, der mich an die mancherlei Widerwärtigkeiten, mit welchen feine Brüder mich überhäuft haben, erinnerte. Ich
würde fie bald auf immer vergeffen haben;
ohne Zweifel vergäßen fie mich, aber was
läge mir daran, wenn fie nur nicht kommen
konnten, meine Ruhe zu ftören. Befreiet
von allen irrdifchen Leidenfchaften, die aus
der Unruhe des gefellfchaftlichen Lebens ent-
ftehen, würde fich meine Seele oft über diefe
Atmosphäre fchwingen, und im Voraus mit
den himmlifchen Geiftern Umgang pflegen,
deren Anzahl fie bald zu vermehren hofft.
Ich weis, daß die Menfchen mir eine fo angenehme Freiftatt, wo fie mich nicht laffen
wollten, nicht wiedergeben werden. Aber
fie werden mich nicht verhindern, daß ich
mich täglich auf den Flügeln meiner Einbildungskraft dahin begebe, und einige Stunden lang eben das Vergnügen kofte, als
wenn ich noch da wohnte. Meine füßefte
Befchäftigung würde da feyn, nach meinem

Gefal-

Gefallen zu träumen. Thue ich das nicht, wenn ich träume, daß ich da bin? ich thue mehr; dem Reiz einer abstrakten, einförmigen Reverie füge ich noch angenehme, belebende Bilder hinzu. Ihr Gegenstand entgieng oft meinen Sinnen während meinen Entzückungen, und je tiefsinniger izt meine Betrachtungen sind, desto lebhafter kommen mir jene Gegenstände vor. Ich befinde mich izt oft noch mehr unter ihnen, und auf eine noch angenehmere Art, als wenn ich wirklich da wäre. Das Unglück ist, daß je mehr das Feuer meiner Einbildungskraft abnimmt, desto langsamer, seltener und undauerhafter diese Erinnerungen sind. Ach! man wird nie von seiner Hülle mehr gebleudet, als wenn man anfängt sie zu verlassen!

Sechster Spaziergang.

Wir haben keine maschinenmäßige Bewegung, von welcher wir nicht die Ursach in unsern Herzen finden könnten, wenn
wir sie da zu suchen verstünden.

Als ich gestern über den neuen Boulevard
gieng, um längs der Bievre Kräuter zu suchen, so schlug ich nahe an der Barriere d'Enfer rechts ein; kam ins Feld und gieng die
Straße von Fontainebleau um auf die Berge
zu steigen. Dieser Gang ist an sich selbst
sehr gleichgültig; da ich mich aber erinnerte,
durch eine maschinenmäßige Bewegung schon
öfters diesen Umweg genommen zu haben,
so suchte ich die Ursache davon in mir selbst,
                                                und

und ich konnte mich des Lachens nicht enthalten, als ich sie fand. -

In einer Ecke des Boulevard's, am Ausgang der Barriere d'Enfer, sizt zur Sommerszeit eine Frau, die Obst und kleine Kuchen verkauft. Diese Frau hat einen kleinen sehr artigen, aber krummen Knaben, der mit seinen Krücken daherhüpft, und bei den Vorübergehenden auf eine sehr manierliche Art bettelt. Ich hatte mit dem Jungen einigermaßen Bekanntschaft gemacht; er unterließ nie, so oft ich vorbeigieng, mir sein kleines Kompliment zu machen, welchem allezeit mein kleines Opfer folgte. Die erstenmale freute ich mich ihn zu sehen; ich gab ihm von Herzen gern, und so eine Zeit lang. Ich machte mir ein Vergnügen daraus, sein kleines Geplauder zu erregen und es anzuhören. Nachdem dieses Vergnügen allmählich zur Gewohnheit ward, so verwandelte es sich, ich weis nicht wie, in eine Art von Schuldigkeit, die mir bald lästig ward, besonders wegen der präliminairen Anrede, die immer aus-

ausgehalten werden mußte, und in welcher
er mich oft Monsieur Rousseau nannte,
um mir zu zeigen, daß er mich wohl kannte,
welches mir aber im Gegentheil genug zu
verstehen gab, daß er mich nicht mehr kenne,
als diejenigen, welche ihn unterrichtet hat=
ten. Von der Zeit an gieng ich nicht mehr
so gern diesen Weg, und endlich nahm ich
maschinmäßig die Gewohnheit an, wenn
ich an diese Gegend kam, einen Umweg zu
nehmen.

Dieß entdeckte ich, als ich darüber nach=
dachte; denn von allem dem war mir bis=
heran noch nichts deutlich in den Sinn ge=
kommen. Diese Bemerkung brachte mich
nach und nach auf viele andre, die mich
überzeugten, daß die ersten und wahren
Beweggründe meiner meisten Handlungen
mir selbst nicht so deutlich sind, als ich mir
lange einbildete. Ich weiß und fühle es,
daß Wohlthun das wahre Glück sei, dessen
das menschliche Herz genießen kann; aber
schon vor langer Zeit war dieses Glück außer
meiner Macht, und in einer so elenden Lage,

wie

wie die meinige, kann man nicht hoffen, eine
einzige wirkliche Wohlthat recht und nützlich
anzuwenden. Da die größte Sorge derjenigen, welche mein Schicksal lenken, gewesen
ist, daß alles für mich nur falscher, betrüge-
rischer Schein seyn soll, so ist ein Beweggrund zur Tugend nichts anders, als eine
Täuschung, die man mir vorhält, um mich
in die zubereiteten Fallstricke zu locken. Ich
weis das, und ich weis auch; daß das
einzige Gute, was hinfüro in meiner Macht
ist, darinn bestehet, daß ich gar nicht handle,
aus Furcht Böses zu thun, ohne es zu
wollen und zu wissen.

Aber es gab eine glückliche Zeit, da ich
den Bewegungen meines Herzen folgen und
manchmal einem andern Herzen Zufriedenheit
verschaffen konnte. Ich muß mir das ruhm-
volle Zeugniß geben, daß ich diese Freude,
so oft ich sie genießen konnte, süßer fand, als
jede andre. Meine Neigung dazu war stark,
wahr und rein; und in meinem Innern war
nichts, das ihr widerstrebte. Unterdessen
fühlte

fühlte ich oft die Last meiner eignen Wohl=
thaten, weil sie in der Folge Pflichten nach
sich zogen. Dann verschwand das Vergnü=
gen, und ich fand in der Fortsetzung der
Sorgen, die mir anfangs zur Lust waren,
einen unerträglichen Zwang. Während mei=
nem kurzen Wohlergehen nahmen viele Men=
schen ihre Zuflucht zu mir, und nie ward
eine von den Gefälligkeiten, die ich ihnen
leisten konnte, ganz vollendet. Aber aus
diesen ersten Wohlthaten, die ich mit gu=
tem Herzen erzeigte, entstanden nach und
nach Verbindlichkeiten für mich, die ich
nicht vorgesehen und denen ich mich nicht
entziehen konnte. Meine ersten Dienste wa=
ren in den Augen derer, welchen ich sie lei=
stete, nur Versicherungen, daß ich ihnen in
der Folge dienen werde, und so bald irgend
ein Unglücklicher mich einmal durch eine von
mir empfangene Wohlthat gefesselt hatte, so
war's für die Zukunft geschehen; und diese
erste, freie, willkührliche Wohlthat gab ihm
ein unbestimmtes Recht auf alle andre,
deren er in der Folge bedurfte; selbst das
Unver=

Unvermögen konnte mich davon nicht befreien. So verwandelten sich die süßesten
Freuden für mich nach und nach in Beschwerden.

So lange ich unterdessen unbekannt im
Dunkeln lebte, war mir dieß nicht so sehr
lästig. Da ich aber einmal durch meine
Schriften ins Helle kam (eine schwere Sünde
in der That, für die ich aber nur zu sehr
büßte) da war's bei mir, wie in einem Ad-
dressekomptoir für alle Unglückliche, oder die
sich so nannten, für alle Abentheurer, die
eine Düpe suchten, und für diejenigen, welche
sich auf eine oder die andre Art unter dem
Vorwand eines großen Vertrauens und An-
sehens, das sie mir andichteten, meiner bemächtigen wollten. Dadurch lernte ich einsehen, daß alle natürliche Neigungen, selbst
die Wohlthätigkeit nicht ausgenommen, wenn
man sich in dem gesellschaftlichen Leben ihnen
ohne Wahl und Klugheit überläßt, ihre Ei-
genschaft verändern und oft eben so schädlich
werden, als sie in ihrer ersten Richtung nützlich

lich waren. So viele grausame Erfahrungen änderten allmälich meine ersten Triebe, oder sie schlossen sie vielmehr in ihre wahren Gränzen ein, und lehrten mich meiner Neigung, Gutes zu thun, mit weniger Blindheit zu folgen, wenn sie zu nichts diente, als die Bosheit andrer zu begünstigen.

Aber ich bereue diese Erfahrung nicht, weil sie mir mittels des veranlaßten Nachdenkens die Kenntniß meiner selbst erleichterten, und mich, in Betref der Beweggründe meiner Handlungsart, in tausend Umständen, wo ich mich selbst betrog, unterrichteten. Ich sahe, daß ich, um mit Vergnügen Gutes zu thun, frei und ohne Zwang handeln müsse, und daß eine gute Handlung alles Angenehme verliere, so bald sie mir zur Pflicht wird. Dann verbittert mir die Schuldigkeit meine besten Freuden, und, wie ich im Emile gesagt habe, ich würde ein schlechter Ehemann unter den Türken gewesen seyn in der Stunde, wo sie durch einen öffentlichen Ruf gemahnet werden, die Pflichten ihres Standes zu erfüllen.

K   Nach

Nach diesem richtete sich meine Meinung von meiner Tugend; denn es ist nicht Tugend, seinen Neigungen zu folgen und Gutes zu thun, wenn man sich dazu angetrieben fühlt : die Neigungen überwinden, ist Tugend, und wem die Pflicht befiehlt, zu thun, was man soll. Kein Mensch kann das weniger, als ich. Ich bin von Natur empfindsam und gut, mitleidig bis zur Schwachheit; ich fühlte meine Seele sich erheben bei allem, was großmüthig heißt; ich war menschlich, wohlthätig, hilfreich aus Neigung, oft aus Leidenschaft, so lang man nur mein Herz interessirte; ich würde der beste und mildeste der Menschen gewesen seyn, wenn ich der mächtigste gewesen wäre, und um alle Rachbegier in mir zu ersticken, wäre die Macht allein hinlänglich gewesen. Ich würde ohne Mühe gerecht gegen meinen eignen Vortheil gewesen seyn, aber schwerlich gegen den Vortheil derer, die ich liebte. Wenn meine Pflicht und mein Herz stritten, so siegte jene selten, es sey dann, daß es nur darauf angekommen wäre, mich zu ent-

hal-

halten. In diesem Fall war ich die meisten-
male stark; aber gegen meine Neigung handeln, war mir unmöglich. Es mögen die
Menschen, die Pflicht oder selbst die Nothwendigkeit befehlen: wenn mein Herz schweigt,
so bleibt mein Wille taub, und ich kann
nicht folgen. Ich sehe das Uibel, das mich
bedrohet, und ich lasse es herankommen, be-
wege mich nicht, um es zu vermeiden. Ich
fange oft mit starkem Bestreben an, aber
bald bin ich müde und erschöpft; ich kann
nicht anhalten. Was ich in allen möglichen
Dingen nicht gerne thue, das wird mir bald
unmöglich zu thun.

Noch mehr. Der Zwang, wenn er auch
mit meinem Verlangen übereinstimmt, kann
es doch bald, wenn er mir ein wenig zu
stark ist, in Widerwillen und Abscheu verwandeln; darum übe ich nicht gern eine
Wohlthat aus, die man von mir verlangt,
und die ich von mir selbst gern gethan haben würde, wenn man sie nicht verlangt
hätte. Eine ganz freiwillige, ungefoderte

Gefäl-

Gefälligkeit thu ich gewiß mit vielem Vergnügen. Wenn aber derjenige, welcher sie
erhielt, einen Anspruch auf mehrere daraus
macht, und mir unter der Strafe seines
Hasses auferlegt, auf immer sein Wohlthäter
zu seyn; dann fängt der Zwang an, und
das Vergnügen hört auf. Was ich nach
diesem noch thue, ist Schwachheit und falsche
Schaam; der gute Wille ist nicht mehr da,
und weit entfernt, daß ich mir darauf etwas
zu gute thun könnte, so werf ich mir vielmehr in meinem Gewissen vor, ungern Guts
gethan zu haben.

Ich weis, daß eine Art von Vertrag,
und zwar der unverbrüchlichste, zwischen dem
Wohlthäter und dem, der die Wohlthat empfängt, besteht. Es ist eine Gesellschaft,
die sie untereinander errichten, und die weit
enger und verbindlicher ist, als die allgemeine Gesellschaft der Menschen. Wenn
dieser sich stillschweigend zur Dankbarkeit
verbindet, so verbindet sich jener auch, den
nämlichen guten Willen zu behalten, und
                                              ihn,

ihn, so oft er kann und darum ersucht wird,
thätig zu äußern, falls der Verpflichtete
sich nicht unwürdig gemacht hat. Das sind
keine ausdrückliche Verbindungen, sondern
natürliche Wirkung des Verhältnisses, das
zwischen ihnen entstand. Derjenige, welcher
die erste Wohlthat, um die man ihn ersucht,
abschlägt, giebt dadurch dem andern kein
Recht, sich zu beklagen; aber derjenige,
welcher im gleichen Falle eine Gefälligkeit,
die er vordem einem geleistet hat, abschlägt,
vereitelt eine Hofnung, die er selbst eingeflößt hat; er betriegt die von ihm selbst er-
regte Erwartung. Man fühlt in dieser Ver-
weigerung eine Ungerechtigkeit und etwas
härteres, als in der vorigen; darum ist sie
aber nicht weniger die Wirkung einer Unab-
hängigkeit, die das Herz liebt, und die es
nicht gern aufgiebt. Wenn ich eine Schuld
bezahle, so thu ich meine Pflicht; wenn ich
ein Geschenk gebe, so mach' ich mir ein Vergnügen. Nun ist das Vergnügen, welches
ich bei Erfüllung einer Pflicht empfinde, ein
Vergnügen der Tugend; was mir unmit-

K 3

telbar

telbar aus meinen natürlichen Neigungen
entsteht, verdient den Namen nicht.

Nach so vielen traurigen Erfahrungen
lernte ich von weitem die Folgen meiner ersten Triebe vorsehen, und ich enthielt mich
oft von einem guten Werke, das ich hätte
ausüben können und wollen, weil ich die
Verbindlichkeit fürchtete, weil es mich würde
unterworfen haben, wenn ich mich meinem
Triebe ganz überlassen hätte. Ich habe diese
Furcht nicht allezeit gekannt, im Gegentheil
in meiner Jugend fesselte ich mich selbst
durch meine Wohlthaten, und ich bemerkte
oft, daß diejenigen, welchen ich Gefälligkeiten erwiesen hatte, mehr aus Erkenntlich-
keit als aus Eigennutz mich liebten. Aber
die Gestalt der Sachen änderte sich, sobald
mein Unglück anfieng. Von der Zeit an
lebte ich unter einer neuen Generation, die
der ersten nicht glich, und meine eigne Empfindungen erlitten eine Aenderung. Die
nämlichen Menschen, die ich nach und nach
in diesen zwo verschiedenen Generationen sahe,
wur-

wurden, so zu sagen, einander ähnlich: Sie
waren frei und offenherzig, und da sie wur=
den, was sie izt sind, so thaten sie, wie die
andern; nur hierinn ändern sich die Men=
schen und mit ihnen die Zeiten. Wie kann
ich noch eben so für sie gesinnet seyn, da sie
nun das Gegentheil geworden sind von dem,
was sie waren, als ich diese Gesinnungen
von ihnen faßte? Ich hasse sie nicht, denn
ich kann nicht hassen; aber ich kann mich
nicht enthalten, sie zu verachten, wie sie's
verdienen, und ihnen meine Verachtung zu
bezeugen.

Es kann auch seyn, daß ich mich, ohne
es zu wissen, mehr geändert habe, als ich
sollte. Welche Gemüthsart kann in einer
Lage, wie die meinige, unverändert bleiben?
Uiberzeugt durch eine Erfahrung von zwanzig
Jahren, daß alle gute Eigenschaften, die
die Natur in mein Herz legte, von meinem
Schicksal und denenjenigen, die es lenken,
zu meinem und andrer Schaden gerichtet
werden, kann ich eine gute That, die man

mir

mir zu thun überläßt, für nichts anders, als
einen Fallstrick ansehen, unter welchem ein
Uibel versteckt liegt. Ich weiß, daß mir
immer das Verdienst der guten Absicht bleibt,
die Wirkung meiner Handlung sei, welche sie
wolle; ja, dieß Verdienst ist allezeit da, aber
nicht das innere Vergnügen, und so bald mir
dieser Antrieb mangelt, so fühle ich nichts
als Kälte und Gleichgültigkeit in mir; und
da ich weis, daß ich anstatt einer wahrhaft
nützlichen Handlung nur die Handlung eines
Betrogenen begehe, so flößt mir meine belei-
digte Eigenliebe und meine mißbilligende
Vernunft Abscheu und Widerstreben ein, wo
ich sonst in meinem natürlichen Stande voll
Eifer und Begierde gewesen wäre.

Es giebt Widerwärtigkeiten, die die
Seele erheben und stärken; aber es giebt auch
andre, die sie darniederdrücken und abtödten:
so ist die meinige. Wäre sie nur eine vorübergehende Prüfung gewesen, so hätte sie
meinen Geist außerordentlich erhoben, vielleicht außer mir selbst; so aber hat sie mich
ver-

vernichtet. Außer Stande, Gutes zu thun, weder für mich noch für andre, enthalte ich mich vom Handeln; und dieser Zustand, der nur durch den Zwang unschuldig ist, läßt mich eine Art von Vergnügen darinn finden, daß ich frei und ohne Vorwurf meiner natürlichen Neigung folgen kann. Ich gehe freilich zu weit, indem ich die Gelegenheit thätig zu seyn vermeide, selbst da, wo ich nichts als Gutes zu thun finde. Aber überzeugt, daß man mich die Dinge nicht sehen läßt, wie sie sind, enthalte ich mich nach dem Schein, den man ihnen giebt, zu urtheilen. Mit welchem Anstrich man auch die Beweggründe, die mich zur Thätigkeit bringen sollen, übertüncht, so ist mir genug, daß diese Beweggründe mir überlassen sind, um von ihrem Trug gewiß zu seyn.

Mein Schicksal scheint mir von meiner Kindheit an den ersten Fallstrick gelegt zu haben, der schuld war, daß ich lange Zeit hindurch so leicht in alle andre fiel. Ich hab von Natur mehr Zutrauen, als vielleicht alle

K 5   andre

andre Menschen, erhalten; und während
vierzig Jahren ist dieses Zutrauen nicht ein
einzigsmal betrogen worden. Als ich nun
auf einmal in eine andre Ordnung von Menschen und Dingen kam, so fiel ich in eine
Grube nach der andern, ohne jemals eine
wahrzunehmen, und kaum konnte mich eine
Erfahrung von zwanzig Jahren über mein
Loos belehren. Da ich einmal gewiß war,
daß nichts als Lug und Falschheit in allem,
was man mir that und sagte, ist, so gerieth
ich auf die andre Extremität: denn, wenn
man einmal aus seiner natürlichen Lage getreten ist, so kennt man keine Gränzen mehr.
Von der Zeit an ward ich der Menschen
überdrüßig, und mein Wille, der hierinn mit
dem ihrigen einig ist, hält mich weiter von
ihnen entfernt, als ihre Kunstgriffe.

Sie mögen thun, was sie wollen, dieser
Uiberdruß wird nie zum Abscheu werden.
Wenn ich bedenke, wie abhängig sie sich von
mir gemacht haben, um mich in der Ab-
hängigkeit von ihnen zu halten, so bedaure
ich

ich ſie in der That. Wenn ich nicht unglücklich bin, ſo ſind ſie es; und ſo oft ich
in mich ſelbſt zurück gehe, ſo finde ich ſie
meines Mitleids werth. Vielleicht miſcht
ſich mein Stolz in dieſes Urtheil; ich fühle
mich zu weit über ihnen, um ſie zu faſſen.
Höchſtens können ſie mich bis zur Verachtung intereſſiren, aber nie bis zum Haß.
Ich liebe mich ſelbſt zu ſehr, um einen andern haſſen zu können; das würde meine
Exiſtenz einengen, zuſammendrücken, und ich
möchte ſie lieber über alles ausdehnen.

Ich will lieber die Menſchen fliehen als
haſſen. Ihr Anblick macht auf meine Sinne
und durch ſie auf mein Herz einen Eindruck,
der mir aus tauſend Urſachen ſchmerzlich iſt;
aber dieſer Schmerz hört auf, ſo bald der
Gegenſtand, der ihn verurſacht hat, verſchwindet. Die Gegenwart der Menſchen,
nicht meine Erinnerung iſt ſchuld, daß ich
mich mit ihnen wider Willen beſchäftige.
Wenn ich ſie nicht mehr ſehe, ſo ſind ſie
für mich, als wären ſie gar nicht.

Sie

Sie sind mir auch nur gleichgültig in dem, was sich auf mich beziehet: denn in ihren Verhältnissen unter ihnen können sie mich noch interessiren, wie die Personen eines Schauspiels, das ich aufführen sehe. Mein sittliches Wesen müßte verrichtet seyn, wenn mir die Gerechtigkeit gleichgültig seyn könnte. Eine ungerechte, boshafte Handlung macht mein Blut noch vor Zorn sieden; mein Herz hüpft vor Freude, und süße Thränen fließen aus meinen Augen bei einer edeln, tugendhaften That, bei welcher ich keine Prahlerei und keinen falschen Schimmer sehe. Aber ich selbst muß die Handlung sehen und beurtheilen können: denn nach meiner eignen Geschichte müßte ich unsinnig seyn, wenn ich in irgend einer Sache das Urtheil der Menschen gelten lassen, und etwas auf Treu und Glauben für wahr oder falsch annehmen wollte.

Wären meine Gestalt und meine Züge den Menschen so unbekannt, als mein Charakter und mein Herz, so wollte ich noch gern
unter

unter ihnen leben. Ihre Gesellschaft könnte
mir gefallen, so lange ich ihnen gänzlich
fremd wäre. Meinen natürlichen Neigungen
ohne Zwang überlassen, würde ich sie noch
lieben, wenn sie sich um mich nicht beküm=
merten. Ich würde sie mit einem allgemei=
nen, gänzlich uneigennützigen Wohlwollen
umfassen; aber ohne mich in eine besondre
Verbindung einzulassen, und das Joch einer
Pflicht zu tragen, würde ich alles das frei
und von mir selbst thun, was sie kaum zu
thun vermögen, da doch ihre Eigenliebe sie
dazu antreibt, und das Gesetz sie dazu
verbindet.

Wenn ich frei, unbekannt geblieben
wäre — und dazu war ich geboren — so
würde ich nichts als Gutes gethan haben;
denn ich habe in meinem Herzen keinen Keim
einer schädlichen Leidenschaft. Wär ich un=
sichtbar und allmächtig, wie Gott, so wär
ich auch wohlthätig und gütig, wie Er.
Macht und Freiheit machen vortrefliche Men=
schen, Schwachheit und Sklaverei bringen
nur

hir Bösewichter hervor. Hätte ich den Zau-
berring des Gyges besessen, so wär ich frei
von den Menschen, und sie von mir abhängig gewesen. Bei meinen Luftschlössern
fragte ich mich oft, welchen Gebrauch ich
wohl von diesem Ringe machen würde: denn
da wäre gewiß die Versuchung zum Mißbrauch der Macht groß. Wenn ich nun alle
meine Verlangen hätte befriedigen und kein
Mensch mich hintergehen können, was würde
ich wohl gewünscht haben? Nur eines:
alle Herzen vergnügt zu wissen. Nur der
Anblick einer allgemeinen Zufriedenheit hätte
meinem Herzen eine dauernde Wollust geben können, und das heisse Bestreben, dazu
mitzuwirken, würde meine beständige Leidenschaft gewesen seyn. Stets gerecht ohne
Partheilichkeit, und gütig ohne Schwachheit,
würde ich mich sowohl vor blindem Miß-
trauen als unversöhnlichem Haß bewahrt
haben: denn da ich die Menschen gesehen
hätte, wie sie sind, und in ihren Herzen
lesen könnte, so würde ich wenige so liebens-
würdig, um ihnen mein Herz zu geben, und

wenige

venige so abscheulich, um sie zu hassen, gefunden haben; selbst ihre Bosheit hätte mein
Mitleid erregt, weil sie ihnen gewiß selbst
mehr schadet, als andern. Vielleicht wär
ich in einer fröhlichen Stunde auf die Kinderei verfallen, Wunder zu wirken; aber
meiner Uneigennützigkeit und dem Trieb
meines Herzens gemäß, würde ich auf ein
Beispiel von strenger Gerechtigkeit hundert
von Milde und Wohlthätigkeit haben folgen
lassen. Als Diener der Vorsicht und Auf-
seher ihrer Gesetze, würde ich, nach meiner
Macht, weit vernünftigere und nützlichere
Mirakel gewirkt haben, als in der goldnen
Legende und in dem Grabe des heiligen
Medards geschrieben und geschehen sind.

Es ist nur ein Punkt, in welchem die
Macht, überall unsichtbar gegenwärtig zu
seyn, mir vielleicht Versuchungen verursacht
hätte, denen ich schwerlich widerstanden
haben würde; und wäre ich einmal gewi-
chen, wohin hätte ich mich dann nicht ver-
irrt? Ich müßte die Natur und mich selbst
                                    schlecht

ſchlecht kennen, wenn ich mir ſchmeicheln
wollte, dieſe Leichtigkeit hätte mich nicht
verführen, oder meine Vernunft hätte mich
nicht zurückhalten können. In allem andern
war ich meiner gewiß, aber hierinn nicht.
Wer durch Macht über andre Menſchen er;
haben iſt, ſollte auch über ihre Schwachhei;
ten erhaben ſeyn: denn ſonſt macht ihn eben
dieſe Macht geringer, als er ſelbſt geweſen
ſeyn würde, wenn er den andern gleich geblieben wäre.

Wenn ich alles wohl erwäge, ſo glaube
ich beſſer zu ſeyn, daß ich meinen Zauber;
ring wegwerfe, ehe er mich zu einer Sottiſe,
verleitet haben möchte. Wenn die Menſchen
darauf beharren, mich für was anders zu
halten, als ich bin, und wenn mein Anblick
ihre Ungerechtigkeit in Bewegung ſezt, ſo iſt
es beſſer, ich fliehe ſie, als ich verberge
mich unter ihnen. Sie müſſen ſich vor mir
verbergen, ihre Kunſtgriffe verſtecken, das
Licht des Tages fliehen, und wie Maul-
würfe in die Erde kriechen. Mich mögen
ſie

sie sehen, wenn sie können, desto besser; aber
das ist ihnen nicht möglich. Statt meiner
werden sie nur immer den Johann Jakob se=
hen, den sie sich geschaffen haben, geschaf=
fen nach ihrem Herzen, um ihn nach Wohl=
gefallen zu haffen. Ich hätte also Unrecht,
mich darum zu kümmern, wie sie mich an=
sehen; das muß mir gleich viel seyn, denn
ich bin's nicht, den sie sehen.

Was ich nun aus diesen Betrachtungen
schließe, ist, daß ich nie wahrhaft tauglich
war zur bürgerlichen Gesellschaft, wo alles
Zwang, Schuldigkeit und Pflicht ist, und daß
mein unabhängiges Naturell mich ungeschickt
machte zu denen im menschlichen Leben nö=
thigen Unterwerfungen. So lange ich frei
handle, bin ich gut, und thue nur Gutes;
so bald ich aber das Joch der Nothwendigkeit
oder der Menschen empfinde, so werde ich
widerspenstig oder halsstärrig, und dann bin
ich nichts. Wenn ich das Gegentheil meines
Willens thun soll, so thue ich's nicht; es ent=
stehe daraus, was da wolle; auch selbst,

was

was ich will, thue ich nicht, denn ich bin
schwach. Ich bin also unthätig; denn meine
ganze Schwachheit besteht im Handeln;
meine ganze Stärke ist negativ, und alle
meine Sünden sind Sünden der Unterlassung,
selten fehlte ich durch Handeln. Ich hab nie
geglaubt, daß die Freiheit des Menschen
darinn bestehe, daß er thun könne, was er
wolle, sondern daß er nicht thun müsse, was
er nicht wolle: und auf diese Freiheit machte
ich immer Anspruch, erhielt sie auch oft, und
sie machte mich zum Aergerniß in den Augen
meiner Zeitgenossen. Denn sie sind thätig,
unruhig, ehrgeizig, verwünschen die Freiheit
andrer und verlangen keine für sich, wenn sie
nur manchmal ihren Willen thun, oder viel:
mehr den Willen andrer beherrschen können;
sie zwingen sich, ihr ganzes Leben hindurch
das zu thun, was ihrer Neigung widrig ist,
und sie thäten alles Knechtische, um zu herr:
schen. Sie hatten also nicht Unrecht, mich
als ein unnützes Mitglied von der Gesellschaft
zu entfernen; aber mich als ein schädliches
zu verbannen, war höchst unrecht. Denn ich

habe

habe zwar sehr wenig Gutes gethan, das gestehe ich; aber nie kannte mein Wille das
Böse, und ich zweifle, ob irgend ein Mensch
in der Welt weniger Böses gethan hat,
als ich.

Siebenter Spaziergang.

Kaum habe ich die Sammlung meiner lan=
gen Träume angefangen, so fühle ich
schon, daß sie bald zu Ende geht. Diese
Unterhaltung muß einer andern weichen, die
mich izt ganz hinreißt und mir so gar die
Zeit zu denken nimmt. Ich überlasse mich
ihr mit einer beinahe ausschweifenden Freude,
und ich muß selbst darüber lachen; doch hält
das mich nicht zurück, denn in meiner ge=
genwärtigen Lage habe ich keine andre Richt=
schnur meines Betragens, als mich ungehin=
dert meinen Neigungen zu überlassen. Ich
kann an meinem Loos nichts ändern, habe
nur unschuldige Neigungen, und da das
Urtheil der Menschen für mich völlig nichtig
ist,

ist, so räth mir die Klugheit selbst, daß ich
alles mögliche thue, was mir gefällt, so wohl
öffentlich, als im Stillen für mich und ohne
alle andre Richtschnur, als mein Wohlgefal=
len, ohne alle andre Maaße, als die wenige
Kräfte, die mir übrig sind. So ist nun die
Kräuterkunde meine ganze Beschäftigung.
Ich war schon alt, als ich davon die ersten
Gründe in der Schweiz bei dem Doktor von
Ivernois erhielt, und auf meinen Reisen
herborisirte ich so glücklich, daß ich mir eine
ziemliche Kenntniß des Pflanzenreichs er=
warb. Nachdem ich aber die Sechszig zu=
rückgelegt, und durch ein langes sitzendes
Leben in Paris die zu großen botanischen
Spaziergängen nöthigen Kräfte beinahe ver=
loren, auch mit meinem Musikkopiiren so viel
zu thun hatte, daß ich keiner andern Be=
schäftigung bedurfte, so gab ich diese Unter=
haltung auf. Ich hatte meine Kräutersamm=
lung weggegeben, meine Bücher verkauft,
und war zufrieden, manchmal die gemeinen
Pflanzen, die ich um Paris fand, zu beob=
achten. Unter der Zeit hab ich meine wenige

L 3   bota=

botaniſche Kenntniſſe gänzlich vergeſſen, und geſchwinder, als ich ſie erworben hatte.

Nun aber bin ich über die Fünf und Sechszig; das wenige Gedächtniß und die wenigen Kräfte, ſo mir noch übrig waren, ſind verſchwunden; ich habe keinen Anführer, keine Bücher, keinen Garten, keine Pflanzenſammlung, und ſo wandelt mich auf einmal die Thorheit wieder an, aber ſtärker, als da ich zum erſtenmal Geſchmack daran fand; in ganzem Ernſt bin ich nun mit dem klugen Vorhaben beſchäftigt, das regnum vegetabile des Murray auswendig und alle Pflanzen auf dem Erdboden kennen zu lernen. Da ich außer Stande bin, mir Bücher anzuſchaffen, ſo bin ich izt dran, diejenigen, welche man mir leiht, abzuſchreiben, und feſt entſchloſſen, eine Pflanzenſammlung anzulegen, die weit reicher ſeyn ſoll, als meine erſte; ſo fang' ich einsweilen mit dem Kirbel, Borraſch, Fenchel und Peterſilie an, in der Hofnung, daß die Pflanzen des Meeres, der Alpen und der beiden

Indien

Indien nachfolgen werden. Ich herborisire
sehr klug auf den Käfigten meiner Vögel,
und bei jedem neuen Kräutchen, das ich
finde, sage ich mit Zufriedenheit: Schon
wieder eine Pflanze mehr!

Ich suche nicht, meinen Entschluß dieser
Neigung zu folgen zu rechtfertigen; mir
scheint er sehr vernünftig, da ich gewiß bin,
daß es Weisheit und sogar Tugend sei, in
meiner Lage mich den Unterhaltungen, die
mir gefallen, zu überlassen: es ist ein Mittel, mein Herz vor Rachsucht und Haß zu
bewahren, und um in meiner Verfassung an
irgend einer Unterhaltung noch Geschmack
zu finden, muß man gewiß ein von aller
Leidenschaft gereinigtes Naturel besitzen.
So räche ich mich auf meine Art an meinen Verfolgern; ich kann sie nicht mehr be-
strafen, als wenn ich, ihnen zum Trotz,
glücklich bin.

Ja gewiß, die Vernunft räth mir, be-
fielt mir sogar, mich jeder anziehenden Neigung,

gung zu überlaſſen; aber ſie erklärt mir nicht
den Grund meiner Neigung, und was ich für
einen Reiz in einem eiteln Studium finde,
in welchem ich weder Nutzen noch Fortgang
zu hoffen habe, und das mich alten, kindiſchen, baufälligen Mann ohne Leichtigkeit und
Gedächtniß wieder zu den Uibungen und Lektio-
nen eines Schülers verweiſet. Dieſe Sonder-
barkeit möchte ich mir nun gern erklären; dieſe
Erklärung verbreitet gewiß Licht über die
Kenntniß meiner ſelbſt, welcher ich meine
lezten Stunden gewidmet habe.

Ich habe manchmal tiefſinnig gedacht;
aber ſelten mit Vergnügen, beinahe immer
mit Widerwillen und wie gezwungen. Die
Reverie vergnügt und unterhält mich, die
ernſte Betrachtung aber macht mich müde
und traurig; Denken war allezeit eine müh-
ſame, unangenehme Beſchäftigung für mich,
Meine Reverien endigten ſich manchmal mit
ernſtem Nachdenken, aber öfter endigte ſich
mein Nachdenken mit Phantaſiren; und
während dieſen Verirrungen ſchwebte meine
Seele

Seele auf den Flügeln der Einbildungskraft
in dem Weltall umher, und genoß einer Ent=
zückung, die jede andre Lust übertrift.

So lange ich dieses Entzücken in seiner
ganzen Reinheit genoß, war mir jede andre
Beschäftigung unschmackhaft. Da ich aber
einmal durch fremden Antrieb in die littera=
rische Laufbahn geworfen, die Abmattung
der Geistesarbeit und die Beschwerlichkeit
einer unglücklichen Berühmtheit fühlte, so
fühlte ich auch zugleich, daß meine Reve=
rien ihren Schwung und ihre Kraft verloren;
ich mußte mich bald wider Willen mit mei=
nem Zustand beschäftigen, und da konnte
ich gar selten jene süßen Entzückungen wie=
der finden, die mir fünfzig Jahre hindurch
Glück und Ehre ersezt und mich zum glück=
lichsten Menschen gemacht hatten.

Ich mußte auch bey meinen Reverien
befürchten, daß meine durch das Unglück
verwilderte oder erschrockene Einbildungskraft
ihre ganze Thätigkeit hierher kehren, und
daß die immerwährende Empfindung meines

L 5

Elends

Elends mein Herz nach und nach zusammen=
preſſen und mich ganz darnieder drücken
möchte. In dieſem Zuſtand befahl mir mein
natürlicher Inſtinkt, jede betrübende Idee
zu vermeiden; er legte meiner Einbildungs=
kraft Stillſchweigen auf, und heftete meine
ganze Aufmerkſamkeit auf die Gegenſtände,
die mich umgaben. Nun fieng ich an, das
Schauſpiel der Natur Theil vor Theil zu
betrachten, das ich vorher nur im ganzen
Zuſammenhang betrachtet hatte.

Die Bäume, Geſträuche und Pflanzen
ſind der Putz und das Kleid der Erde. Nichts
iſt trauriger, als der Anblick eines nackten
Feldes, das unſerm Auge nichts als Steine,
Laim und Sand zeigt. Aber belebt von der
Natur, und mit dem hochzeitlichen Kleide
geſchmückt, vom Gewäſſer durchſchnitten und
von Gethieren bewohnt, bietet die Erde in
der Harmonie der drei Reiche dem Menſchen
ein lebendiges, reizendes Schauſpiel dar;
das einzige in der Welt, woran ſeine Augen
und ſein Herz ſich nie ermüden.

Je

Je empfindsamer die Seele des Betrach-
tenden ist, desto mehr überläßt er sich dem
Entzücken, das diese Ordnung und Eintracht
in ihm erweckt. Ein süßer Traum bemächtigt sich seiner Sinne, und er verliert sich in
wollustvoller Trunkenheit in die Unermeßlichkeit dieses schönen Systems, mit welchem er
sich vereint fühlt. Einzelne Gegenstände
entgehen seinem Blick, er sieht und fühlt
nur das Ganze. Es muß ein besondrer
Umstand seine Ideen und seine Einbildungskraft einschränken, wenn er dieses Ganze
theilweise betrachten kann.

Dieß widerfuhr mir, wenn mein Herz
von Betrübniß eingeengt alle seine Bewegungen nahe um sich her konzentrirte, um den
Uiberrest von Wärme zu erhalten, der durch
mein allmähliches Hinsinken verfliegen wollte. Ich irrte durch Wälder und über Berge,
und durfte nicht denken, aus Furcht meinen
Schmerz aufzuwecken. Meine Einbildungskraft floh die Gegenstände der Betrübniß,
und überließ meine Sinne gänzlich dem
Ein-

Eindruck, ben die vorhandenen Gegenstände
auf sie machten. Meine Augen giengen
unaufhörlich von einem zum andern, und
es war unmöglich, daß bei einer so großen
Mannigfaltigkeit nicht einer gewesen seyn
sollte, der meinen Blick stärker auf sich zog
und länger festhielt.

Ich fand Geschmack an diesem ergetzen=
den Anblick, der im Unglück beruhigt, ver=
gnügt, den Geist zerstreut und die Empfin=
dung des Schmerzens lindert. Die Natur
der Gegenstände macht diese Veränderung
interessanter und reizender. Die süßen Ge=
rüche, die lebhaften Farben, die zierlichen
Gestalten scheinen in die Wette unsre Auf=
merksamkeit auf sich ziehen zu wollen. Man
darf nur das Vergnügen lieben, um sich
diesen angenehmen Eindrücken gänzlich zu
überlassen, und wenn diese Gegenstände nicht
auf alle Menschen gleiche Wirkung machen,
so geschieht's bei einigen aus Mangel an
natürlichem Gefühl, bei andern, weil ihr
Geist zu viel mit andern Ideen beschäftigt
ist,

iſt, und ſich ſelten und nur verſtohlener
Weiſe mit dergleichen abgeben kann.

Noch ein andrer Umſtand trägt vieles
dazu bei, daß ſo wenige Leute von Geſchmack
dem Pflanzenreich ihre Aufmerkſamkeit ſchen=
ken; nämlich die Gewohnheit in den Pflan=
zen nichts als Salben und Arzneimittel zu
ſuchen. Theophraſt dachte anders, und
man kann dieſen Philoſophen für den einzi=
gen Botaniſten des Alterthums betrachten;
auch iſt er unter uns ſehr wenig bekannt;
aber durch die Bemühung eines gewiſſen
großen Receptenſammlers, Dioſkorides, und
ſeiner Kommentariſten hat ſich die Medicin
ſolchergeſtalt der Pflanzen, die man in ſimple
verwandelte, bemächtigt, daß man nun
nichts mehr darinn' ſiehet, als was man
nicht ſiehet; nämlich die vorgeblichen Wir=
kungskräfte, die ein Dritter und Vierter
ihnen beizulegen beliebt. Man begreift nicht,
wie die vegetale Organiſation an ſich ſelbſt
einige Aufmerkſamkeit verdienen kann; Leute,
die ihr ganzes Leben damit zubringen, Kon=

chilien

chilien zu sammeln, lachen über die Botanik
als ein unnützes Studium, wenn man nicht,
wie sie sagen, die Erforschung der Eigenschaften damit verbindet; das heißt, wenn man
nicht die Betrachtung der Natur, die nicht
lügt und von dem allem nichts sagt, verläßt,
um dem Ansehen der Menschen zu folgen, die
da lügen, und die viele Dinge sagen, welche
man auf ihr Wort glauben muß, das sich
hinwieder auf das Ansehen eines andern
gründet. Halte sich einer auf einer bunten
Wiese auf, um die Blumen, ihren herrlichen
Schmuck nacheinander zu betrachten; die ihn
sehen, werden ihn für einen Apothekergesellen
halten, und ihn um ein Kraut ersuchen, das
den Ausschlag der Kinder, die Krätze der
Erwachsenen oder den Rotz der Pferde hei-
len soll.

In andern Ländern ist dieses ekelhafte
Vorurtheil zum Theil verschwunden, besonders in Engelland, Dank dem Linnäus,
der die Botanik aus den Schulen der Re-
zeptenschreiber hervorgezogen und der Naturgeschichte

geſchichte und der Oekonomie wiedergegeben
hat; aber in Frankreich denkt man in dieſem
Punkt noch ſo barbariſch, daß ein Schön-
geiſt von Paris, der in London einen reichen
mit ſeltenen Bäumen und Pflanzen verſehe-
nen botaniſchen Garten ſahe, zu ſeinem Lob
nichts zu ſagen wußte, als: das iſt ein ſehr
ſchöner Apothekergarten! Auf dieſe Art war
wohl Adam der erſte Apotheker; denn man
kann ſich nicht leicht einen beſſer eingerichte-
ten Garten denken, als den von Eden.

Durch dieſe mediciniſche Ideen wird das
Studium der Botanik gewiß nicht angenehm;
ſie machen die Blumen welk, vertrock'nen die
friſchen Geſträuche und benehmen dem Grünen ſeine Lieblichkeit; jene vortrefliche Ge-
ſtalten haben wenig Reiz für den, der das
alles in einem Mörſel zerſtoßen will, und
man pflückt gewiß keine Blumenkränze für
Schäferinnen, wenn man Kräuter für ein
Klyſtier ſucht.

Die

Die ganze Pharmacie beschmutze meine
ländliche Bilder nicht; Getränke und Pfla-
ster waren sehr weit davon entfernt. Ich
dachte oft, wenn ich die Felder, Wiesen,
Wälder, und ihre unzähligen Einwohner
betrachtete; daß die Natur dem Menschen
und den Thieren in dem Pflanzenreich einen
unerschöpflichen Vorrath an Nahrungsmittel
gegeben habe; aber nie fiel mir ein, Arzneimittel darinn zu suchen. Ich finde an diesen verschiedenen Produkten nichts, das mir
jenen Gebrauch verräth, und die Natur hätte
uns gewiß eine Anleitung den Gebrauch zu
erkennen gegeben, wie sie bei den eßbaren
Dingen that, wenn sie ihn uns vorgeschrie-
ben hätte. Auch würde das Vergnügen, mit
welchem ich über Feld und Wiesen gehe,
sehr verbittert durch den Gedanken an Fieber, Stein, Zipperlein, fallende Sucht und
andre menschliche Gebrechlichkeiten. Uibri-
gens spreche ich den Vegetabilien die ihnen
zugetheilte Kraft nicht ab; ich sage nur,
daß es, falls diese Kraft gegründet ist, eitle
Bosheit der Kranken seyn muß, wenn sie
krank

krank bleiben, da unter so vielen Krankhei=
ten, die sich die Menschen zuziehen, nicht
eine einzige ist, für welche nicht zwanzig
Gattungen von Kräuter unfehlbare, aus
dem Grunde heilende Mittel sind.

Ich hatte nie diese Wendung des Gei=
stes, vermöge welcher man alles auf sein
materielles Selbst beziehet, überall Vortheil
sucht, und, wenn man sich immer gesund
befände, die ganze Natur mit gleichgültigen
Augen ansehen würde. Ich bin hierinn
gerade der Gegenfüßler andrer Menschen:
alles, was sich auf meine Bedürfnisse be=
ziehet, verdirbt meine Gedanken und macht
sie traurig., und nie fand ich eine wahre
Wolluft in den Vergnügungen des Geistes,
als wenn ich meinen Körper ganz vergaß.
Wenn ich nun auch an die Medicin glaubte,
und wenn auch ihre Mittel angenehm wä=
ren, so könnte ich mich doch nie damit ab=
geben; die Freude einer reinen, uneigennützi=
gen Betrachtung wäre verloren, und meine
Seele könnte sich nicht erheben und über der

M   ganzen

ganzen Natur herschweben, so lange ich sie
an den Körper gefesselt fühlte. Wiewohl ich
übrigens niemals ein großes Vertrauen auf
die Medicin sezte, so sezte ich es doch auf
Aerzte, die ich hochschäzte, liebte und nach
Wohlgefallen mit meinem Gerippe schalten
und walten ließ. Fünfzehn Jahre Erfah‐
rung haben mich auf meine Kosten belehrt;
da ich izt nach den bloßen Gesetzen der
Natur lebe, so genieße ich meiner ersten
Gesundheit wieder. Wenn die Mediciner
auch keine andre Ursach hätten, so dürfte
man sich doch über ihren Haß gegen mich
nicht verwundern. Ich bin der lebendige
Beweis von der Eitelkeit ihrer Kunst.

Nein, nichts persönliches, nichts, was
meinen Körper angeht, kann meine Seele
wahrhaft beschäftigen. Ich denke, träume
nie angenehmer, als wenn ich mich selbst
vergesse. Ich fühle unaussprechliche Ent‐
zückungen, wenn ich so zu sagen in das
System der Wesen zerfließe, und mich mit
der ganzen Natur identificire. So lange
die

die Menschen meine Brüder waren, machte
ich mir Entwürfe von irdischem Glücke; da
diese Entwürfe sich immer auf das Ganze
bezogen, so konnte ich nicht glücklich seyn,
als durch die allgemeine Wohlfahrt; die
Idee eines Privatglückes berührte nie mein
Herz, bis ich endlich sahe, daß meine Brüder das ihrige in meiner Qual suchten.
Alsdann mußte ich sie fliehen, um sie nicht
zu hassen; ich flohe zu der allgemeinen Mutter, und glaubte mich in ihren Armen vor
den Verfolgungen ihrer Kinder zu verbergen.
Ich ward ein Einsiedler, oder, wie sie sagen,
ein ungeselliger Menschenfeind, weil die
wildeste Einöde mir lieber war, als die
Gesellschaft der Boshaften, die Verrätherei
und Haß nährt.

Gezwungen, mich des Denkens zu enthalten, aus Furcht, an mein Elend zu denken; gezwungen, den Uiberrest einer lachen-
den, aber schon ersterbenden Einbildungskraft
zu bewahren, damit der Schmerz sie nicht
verwildere; gezwungen, die Menschen zu
ver-

vergeſſen, die mich mit Schande und Unbild
überhäuften, damit mein Unwille mich nicht
gegen ſie erbittere; kann ich mich doch nicht
in mich allein konzentriren, weil meine
Seele wider meinen Willen ihre Empfindung
und ihre Exiſtenz auf andre Weſen auszu⸗
dehnen ſucht, und ich kann mich nicht mehr,
wie ſonſt, in die Unermeßlichkeit der gan⸗
zen Natur verſenken, weil meine geſchwäch⸗
ten Seelenkräfte keine genug beſtimmte und
feſte Gegenſtände mehr finden, die mich ſtark
an ſich feſſeln können, und ich fühle mich
nicht mehr ſtark genug, in dem Kahos mei⸗
ner vormaligen Entzückungen zu ſchwimmen.
Meine Ideen ſind nur noch bloße Senſatio⸗
nen, und mein Verſtand reicht nicht mehr
über die Gegenſtände, die mich unmittelbar
umgeben.

Da ich die Menſchen floh', die Einſam⸗
keit fühlte, nicht mehr phantaſirte, noch
weniger dachte, doch aber mit einem allzu⸗
lebhaften Temperament begabt war, als daß
ich mich einer traurigen ſchlafſüchtigen Un⸗
thätig⸗

thätigkeit überlaſſen ſollte, ſo fieng ich an,
mich mit dem, was mich umgab, zu beſchäftigen, und mein natürlicher Inſtinkt
gab den angenehmſten Gegenſtänden den
Vorzug. Das Mineralreich hat nichts Reizendes in ſich; ſeine in den Schooß der Erde
verſenkte Reichthümer ſcheinen dem Anblick
der Menſchen entzogen zu ſeyn, um nicht
ihre Begierde zu erwecken. Sie liegen da
gleichſam aufbewahrt, um einſt den Abgang
wahrhafter Reichthümer zu erſetzen, die dem
Menſchen frei zum Genuß daſtehen, die aber
mit ſeiner zunehmenden Verderbniß ihren
Reiz für ihn verlieren. Dann ruft er die
Induſtrie, Mühe und Arbeit ſeinem Elend
zu Hülfe; er durchwühlt die Eingeweide der
Erde, ſucht in ihrem Mittelpunkt mit Gefahr
ſeines Lebens eingebildete Schätze an die
Stelle der wirklichen, die die Erde ihm ſelbſt
darbietet, wenn er ihrer nur zu genießen
wüßte. Er fliehet den Tag und die Sonne,
die er nicht mehr anzuſchauen verdient; er
vergräbt ſich lebendig, und thut wohl daran,
weil er des Lichts nicht mehr werth iſt.

M 3   Hier

Hier treten Steinbrüche, Klüfte, Feuerpfühle
an die Stelle der lieblichen Bilder ländlicher
Arbeit. Hagere, verbrannte Gestalten von
Unglücklichen, die in dem ungesunden Dunst
der Minen verschmachten, treten an die
Stelle verliebter Schäfer, und starker, gesun-
der Arbeiter auf der Oberfläche der Erde.

Es ist leicht, ich gestehe es, Sand und
Steine zu sammeln, seine Taschen und Zimmer damit anzufüllen, und sich so das Ansehen eines Naturforschers zu geben: aber
die sich mit dergleichen Sammlungen abgeben, sind meistens reiche Dummköpfe, die
darinn nichts als das Vergnügen sich zu
zeigen suchen. Um in dem Studium der
Mineralien fortzukommen, muß man Chymist und Physiker seyn; muß kostspielige,
mühsame Versuche machen, beim Destilir-
kolben im Dampfe sitzen mit Gefahr seiner
Gesundheit und oft des Lebens. Und aus
dieser traurigen, mühsamen Arbeit kömmt
am Ende meistens mehr Stolz als Kenntniß.
Der kleinste Chymist glaubt alle Geheimnisse
der

der Natur durchdrungen zu haben, wenn er
vielleicht von ohngefähr einige kleine Zusam»
mensetzungen der Kunst gefunden hat.

Das Thierreich steht uns mehr offen,
und verdient eher unser Studium; aber hat
es nicht auch sein Beschwerliches, Mühesa»
mes, Ekelhaftes? besonders für einen einsa»
men Menschen, der in seiner Arbeit weder
von seinen Augen, noch von irgend einem
Menschen Hülfe zu erwarten hat. Wie soll
ich dazu gelangen, die Vögel in der Luft
zu kennen, die Fische im Wasser, die vier»
füßigen Thiere, die geschwinder und stärker
sind, als der Mensch. Sie haben eben so
wenig Lust, von selbst zu mir zu kommen
und sich meinen Bemerkungen darzustellen,
als ich ihnen nachzulaufen und sie mit Ge»
walt dazu zu zwingen. Es blieb mir also
nichts übrig, als Schnecken, Würme, Mük»
ken, und ich brachte mein Leben damit zu,
hinter Schmetterlingen her mich außer Athem
zu springen, arme Insekten anzuspießen,
Mäuse zu zerschneiden, wenn ich anders

eine

eine fangen könnte, oder die Aeßer verreckter Thiere, die ich allenfalls finden könnte, zu zerfetzen. Das Studium der Thiere ist nichts ohne Anatomie; nur durch sie lernt man sie eintheilen, die Geschlechter und Gattungen kennen. Um sie durch ihre Sitten und Charaktere zu kennen, müßte man Vogelhäuser, Fischbehältnisse und Menagerien haben. Ich müßte sie immer zwingen, um mich zu seyn, kann das aber eben so wenig, als ich ihnen, wenn sie in Freiheit sind, nachgehen kann. Ich müßte also ihre todte Körper studiren, müßte sie zerschneiden, in ihren zitternden Eingeweiden wühlen. Was ist abscheulicher, als ein anatomisches Theater? stinkende Kadaver, halbvermodertes Fleisch, Blut, dämpfende Eingeweide, gräßliche Gerippe, pestilenzische Dünste! Nein, warlich! da wird J. J. seine Unterhaltung nicht suchen!

Liebliche Blumen, Schmuck der Wiesen, erquickende Schatten, Bäche, Büsche, kommt! meine Einbildungskraft von jenen schmutzigen Bildern zu reinigen. Meine Seele, die keine große

große Bewegungen mehr kennt, kann sich nur
noch mit sinnlichen Gegenständen abgeben;
Ich habe nur noch Sensationen, und nur
durch diese kann mir noch Freude oder Leid
auf der Erde werden. Angelockt von den
reizenden Gegenständen um mich her, be=
trachte ich sie, vergleiche sie und lerne end=
lich sie in ihre Klassen theilen; so werde ich
auf einmal ein so guter Botanist, als derje=
nige zu seyn braucht, der die Natur studirt,
um sie täglich liebenswürdiger zu finden.

Ich suche nicht mich zu unterrichten,
dazu ist's zu spät. Auch habe ich niemals
gesehen, daß so viele Kenntnisse zum Glück
des Lebens etwas beitragen; aber ich suche
angenehme, einfache Unterhaltungen, die ich
ohne Mühe genießen kann, und die mich von
meinem Elend zerstreuen. Es kostet mich
weder Zeit noch Geld, Kräuter und Pflanzen
zu suchen, sie zu untersuchen, ihren Unter=
schied zu bemerken, die vegetale Organisa=
tion so zu erforschen, daß mir der Gang und
das Spiel dieser lebenden Maschinen nicht

ent=

entgehe; manchmal ihre allgemeine Gesetze
zu suchen und den Grund und Zweck ihrer
verschiedenen Einrichtung; mich der dank-
baren Verwunderung gegen den, der mir
das alles zu genießen gab, zu überlassen.

Die Pflanzen scheinen mit Uiberfluß über
die Erde gestreut zu seyn, wie die Sterne
am Himmel, um den Menschen durch Vergnügen und Neugierde zum Studium der
Natur einzuladen. Aber die Gestirne sind
zu weit von uns entfernt, man muß vor-
läufige Kenntnisse, Instrumente, Maschinen
und ziemliche lange Leitern haben, um sie
zu erreichen. Die Pflanzen wachsen unter
unsern Füßen, und so zu sagen in unsern
Händen, und wenn die Kleinheit ihrer Theile
sie ihren Augen entziehet, so sind die erfor-
derlichen Instrumente von einem weit leich-
tern Gebrauch als die astronomischen. Die
Botanik ist das Studium eines unthätigen,
müßigen Einsiedlers: er braucht nur ein
Glas Tropfen zu seinen Untersuchungen. Er
geht spazieren, irrt von einem Gegenstande zum
anbern,

andern, hält sich bei jeder Blume mit Theilnahme und Neugierde auf, und wenn er die
Gesetze ihrer Einrichtung wahrgenommen, so
findet er in ihrer Betrachtung ein Vergnügen
ohne Mühe, und das so lebhaft ist, als kostete es viel. In diesen müßigen Beschäftigungen liegt ein Reiz, den man nur fühlt,
wenn alle Leidenschaften ruhen, der dann
aber auch allein hinlänglich ist, das Leben
glücklich und angenehm zu machen; so bald
man aber einen Beweggrund von Eigennutz
oder Eitelkeit damit vermischt, um eine
Stelle zu bekleiden, oder Bücher zu schreiben; so bald man nur lernt, um wieder
zu lehren, Pflanzen studirt, um darüber zu
schreiben oder zu lehren, so verschwindet dieser Reiz; man sieht in den Pflanzen nichts
als Werkzeuge unsrer Leidenschaften: man
findet in ihrem Studium kein wahres Vergnügen mehr; man lernt nicht, um zu wissen, sondern um zu zeigen, daß man weiß,
und mitten in dem Walde ist man wie auf
der Schaubühne der Welt einzig damit beschäftigt, um Bewundrung zu erregen; oder
man

man treibt gar sein botanisches Studium im
Kabinet und im Garten, beschäftigt sich mit
Systemen und Lehrarten, anstatt die Pflan=
zen in der Natur zu studiren; daher der
ewige Stof zu Disputiren, das weder zur
Kenntniß einer einzigen Pflanze verhilft,
noch über die Naturgeschichte das mindeste
Licht verbreitet. Daher der Haß und die
Eifersucht, womit die Botaniker so wohl und
noch mehr, als andre Schriftsteller, sich ein=
ander den Ruhm abzulaufen bestreben. Sie
verunstalten dieß liebenswürdige Studium,
versetzen es in Städte und Akademien, wo
es eben so, wie die exotischen Pflanzen in
den Gärten der Liebhaber, ausartet.

Eine ganz andre Gemüthsverfassung
machte mir dieses Studium zu einer Art von
Leidenschaft, die mir das Leere und den
Mangel aller andern ersezt. Ich klimme auf
die Klippen und Berge, dringe in tiefe Thä=
ler und Wälder, um mich, so viel möglich,
dem Andenken der Menschen und den Ver=
folgungen der Boshaften zu entziehen. In

dem

dem Schatten eines Haines dünkt mir, ich
wäre vergessen, frei, ruhig, als hätte ich
keine Feinde mehr, oder als schützte mich das
Laub der Bäume vor ihren Angriffen, wie
es sie aus meiner Erinnerung entfernt. Ich
finde so viel Vergnügen in dieser Täuschung,
daß ich mich ihr ganz überlassen würde,
wenn meine Lage, Schwachheit und Bedürfnisse es erlaubten. Je stiller und tiefer die
Einsamkeit ist, in welcher ich mich dann befinde, desto nöthiger ist mir ein Gegenstand,
der das Leere ausfülle; und diesen finde ich
in den freiwilligen Produkten der Erde statt
aller andern, die mir meine Einbildungskraft verweigert und mein Gedächtniß ver-
meidet. Das Vergnügen, in einer Einöde
neue Pflanzen zu suchen, entreißt mich meinen Verfolgern; und wenn ich an Oerter
komme, wo ich keinen Fußtapfen eines Menschen sehe, so athme ich freier.

So lange ich lebe, werde ich mich eines
botanischen Spaziergangs erinnern, den ich
auf dem Gebirge Robaila unternahm. Ich
war

war allein, und vertiefte mich in die Krüm-
mungen des Gebirgs; von Holz zu Holz,
von Fels zu Fels kam ich endlich an einen
so abgelegenen Ort, daß ich nie einen wil-
dern Anblick gehabt habe. Große Tannen
und andre Bäume, deren einige vor Alter
umgestürzt und in einander verwickelt waren,
schlossen diesen Ort ein; durch einige Lücken
sah' man steile Felsen und ungeheure Tiefen,
die ich auf den Bauch hingestreckt kaum an-
zuschauen wagte. Der Uhu und die Nacht-
eule schrien aus den Felsenspalten, einige
kleine seltene Vögel mäßigten durch ihre
Gegenwart einigermaßen die fürchterliche
Wildheit dieser Einöde; ich fand da das ci-
clamen, das nidus avis, das laserpitium
magnum und noch einige andre Pflanzen,
die mich vergnügten und unterhielten; aber
allmählich machte der starke Eindruck der
Gegenstände, daß ich die Botanik und die
Pflanzen vergaß; ich sezte mich auf Kissen
von Lycopodium und Moos, und fieng an
nach Lust zu phantasiren, denn ich glaubte
hier in einem Zufluchtsort zu seyn, den die
ganze

ganze Welt nicht kennte, und wo meine Verfolger mich gewiß nicht ausfindig machen
würden. Eine Bewegung von Stolz mischte
sich in meine Reverie. Ich verglich mich
mit den großen Reisenden, die eine unbe-
wohnte Insel entdecken, und ich glaubte der
erste Mensch zu seyn, der bis daher gekommen wär; ich hielt mich fast für einen
andern Christoph Kolumbus. Indem ich
mich mit diesen Gedanken aufblähte, vernahm ich aus einer kleinen Entfernung ein
Geklirre, das ich zu kennen glaubte. Ich
horche; der Lärmen wird stärker. Voll Ver-
wundrung und Neugierde stehe ich auf,
dringe durch ein Gesträuche nach dem Ort,
wo das Getöse herkam, und sehe in einer
Vertiefung, zwanzig Schritte von dem Ort,
wohin ich zuerst gekommen zu seyn glaubte,
eine Strumpfmanufaktur.

Ich kann die verwirrte und widerspre-
chende Bewegung, die ich bei dieser Entdeckung in meinem Herzen empfand, nicht
ausdrücken. Meine erste Empfindung war
Freude,

Freude, daß ich an einem Ort, wo ich ganz
allein zu seyn glaubte, mich unter Menschen
befand; aber diese Bewegung vergieng schnell,
wie der Blitz, und machte einer schmerzli-
chen, dauerhaftern Empfindung Platz, daß
ich selbst in den Hölen der Alpen den Händen
der Menschen nicht entgehen könnte. Denn
ich war gewiß, daß vielleicht nicht zween
Menschen in dieser Fabrik sich befanden, die
nicht zu dem Komplot des Predigers Mont-
mollin gehörten, der seine Werkzeuge von
fern her holte. Ich suchte mich dieses traurigen Gedankens zu entschlagen, und lachte
endlich über meine kindische Eitelkeit und über
die komische Art, mit welcher ich war gestraft worden.

Aber, in der That, wer hätte auch jemals vermuthen sollen, in einer Felsenhöle
eine Fabrik zu finden? Nur die Schweiz
allein bietet ein solch Gemisch von wilder
Natur und menschlicher Industrie dar. Die
ganze Schweiz ist so zu sagen nur eine Stadt,
deren lange und breite Straßen mit Wälder
besezt

befezt und von Gebirgen durchschnitten sind,
und worinn die zerstreuten Häuser nur mit=
tels englischer Gärten aneinander hängen.
Hier erinnerte ich mich eines andern botani=
schen Spazierganges, den du Peyrou, De=
scherny, der Oberste Pury, der Gerichts=
vogt Clerc und ich vor einiger Zeit auf dem
Berge Chasseron, von dessen Gipfel man
sieben Seen erblickt, miteinander thaten.
Man sagte uns, daß sich nur ein einziges
Haus auf dem Berge befände, und wir
würden gewiß den Stand und das Gewerb
des Einwohners nicht errathen haben, wenn
man uns nicht dazu gesagt hätte, daß es
ein Buchhändler ist, und der auch seine
Geschäfte da recht gut machte *). Mir
däucht, daß eine einzige Anekdote von der
Art,

*) Vermuthlich ward Rousseau durch die Gleich=
heit der Namen zu dem Irrthum verleitet,
den Buchhändler auf den Berg Chasseron zu
versetzen; er befindet sich aber auf einem
andern hohen Berge, Chasseral genannt, in
dem Fürstenthum Neufchatell.

, Art, die Schweiz beſſer zu erkennen giebt, als alle Beſchreibungen der Reiſenden.

Eine andre Anekdote kann dazu dienen, ein ganz verſchiedenes Volk kennen zu lernen. Während meinem Aufenthalt in Grenoble that ich oft dergleichen Spaziergänge vor die Stadt mit dem Herrn Bovier, einem Advo⸗ katen, der zwar die Botanik weder liebte, noch kannte, ſich aber, wie es ſchien, ein Geſetz daraus gemacht hatte, keinen Schritt von mir zu weichen. Eines Tages kamen wir durch eine Gegend, wo ſehr viele Dorn⸗ weiden ſtanden. Ich ſahe auf dieſen Stau⸗ den reife Beeren, verkoſtete ſie, und da mir ihre angenehme Säure wohlſchmeckte, ſo aß ich einen guten Theil, um mich zu erfriſchen; der Herr Bovier ſtand neben mir, aß nicht mit, und ſchwieg. Einer ſeiner Freunde kam dazu, und als er mich von dieſen Beeren eſſen ſah, ſchrie er: Was machen Sie da, mein Herr! wiſſen Sie nicht, daß dieſe Frucht vergiftet? Sie vergiftet? fragte ich erſtaunt. Das iſt ja lſo bekannt, antwortete er, daß

kein

kein Mensch in der ganzen Gegend jemals
eine davon verkosten wird. Ich sahe den
Herrn Bovier an, und fragte ihn, warum er
mir nichts gesagt hätte; und dieser antwor=
tete mir in einem ehrfurchtsvollen Ton: Ach!
mein Herr, ich war nicht so kühn, mir diese
Freiheit zu nehmen. Ich mußte über diese
dauphinische Demuth lachen, endigte aber
doch meine kleine Mahlzeit. Ich war der
Meinung, wie ich noch bin, daß jedes na=
türliche Produkt, das wohlschmeckt, dem
Körper nicht schaden kann, oder nur durch
übermäßigen Genuß. Unterdessen muß ich
gestehen, daß ich denselben ganzen Tag ein
wenig unruhig war, aber damit kam ich auch
davon; ich aß wohl zu Nacht, schlief noch
besser, und stand frisch und gesund auf, da
ich doch den Tag zuvor wohl fünfzehen bis
zwanzig Beeren von diesem schrecklichen hip-
pophæum genossen hatte, das zu einer sehr
kleinen Dosis schon vergiftet, wie mir alle
Welt zu Grenoble sagte. Diese Begebenheit
schien mir so drollig, daß ich mich ihrer nie=
mals erinnern kann, ohne über die besondre

Beschei=

Bescheidenheit des Herrn Advokaten Bovier zu lachen.

Alle meine botanische Spaziergänge, die verschiedene Eindrücke, welche die dabei gegenwärtigen Gegenstände auf mich machten, die Ideen, welche daraus entstanden, die Begebenheiten, welche dabei vorfielen, alles das hat Eindrücke in mir zurückgelassen, die sich erneuern beim Anblick der Pflanzen, die ich damals gefunden habe. Nie werde ich diese schöne Landschaften, diese Wälder, diese Seen, diese Gebüsche, diese Felsen, diese Gebirge wiedersehen, deren Anblick allezeit mein Herz rührte; aber izt, da ich durch jene glücklichen Gefilde nicht mehr wandeln kann, darf ich nur meine Pflanzensammlung anschauen, und ich bin dahin versezt. Die Kräuter, welche ich da gesammelt habe, stellen mir jenes herrliche Schauspiel wieder von neuem dar.

Eine Kette von Nebenideen fesselt mich an die Botanik. Sie versammelt und ruft

meiner Einbildungskraft ihre liebsten. Ideen
zurück; sie schildert meinem Gedächtniß die
Wiesen, Gewässer, Wälder, die Einsamkeit
und die Ruhe, die man da genießt. Sie
macht mich die Verfolgungen der Menschen,
ihren Haß, ihre Verachtung und alle Unbilden vergessen, mit welchen sie meine zärtliche,
aufrichtige Neigung zu ihnen vergolten haben.
Sie versezt mich in jene ruhige Wohnungen
und unter einfältige gute Menschen, wie
diejenigen waren, mit welchen ich einst lebte.
Sie erinnert mich an meine Jugend und an
meine unschuldigen Freuden, und läßt mich
sie wieder genießen. Sie macht mich noch
oft glücklich bei dem traurigsten Schicksal,
das je über einen Menschen gekommen.

Achter

Achter Spaziergang.

Wenn ich über die Fassungen meiner Seele in allen Lagen meines Lebens nachdenke, so fällt mir's sehr auf, daß ich so wenig Verhältniß zwischen den verschiedenen Fügungen meines Schicksals und meinen dabei gehabten Empfindungen entdecke. Die Zeitpunkte meines kurzen Wohlergehens haben mir beinahe gar keine Erinnerung zurück gelassen; aber die zärtlichen, rührenden, angenehmen Empfindungen, die in meinem größten Elend meinem wunden Herzen heilender Balsam waren, und meinen Schmerz selbst in Wollust verwandelten, kommen ohne das Andenken des Schmerzens allein in mein Gedächtnis zurück. Ich glaube, daß ich

meines

meines Daseyns beſſer genoſſen, und wirklich
mehr gelebt habe, wenn die Widerwärtigkeit
meine Empfindungen nahe um mein Herz
verſammelte, ſo daß ſie ſich nicht aus mir
zerſtreuen konnten auf die Gegenſtände, die
von den Menſchen geachtet werden, da ſie
doch ſo wenig Achtung verdienen, wiewohl
ſie die einzige Beſchäftigung derjenigen Menſchen ſind, welche man für glücklich hält.

Wenn alles um mich in ſeiner Ordnung
war; wenn ich zufrieden war mit allem,
was mich umgab, und mit der Sphäre, in
der ich lebte, ſo erfüllte ich ſie mit meinen
Neigungen. Meine Seele dehnte ſich auf
andre Gegenſtände. Mancherlei Gefühle und
Triebe meines Herzens zogen mich fern von
mir, ſo, daß ich einigermaßen mich ſelbſt
vergaß und ganz an dem hieng, was mir
fremde war; in der immerwährenden Bewegung meines Herzens erfuhr ich den Wechſel
menſchlicher Dinge. Dieſes ſtürmiſche Leben
ließ mir weder Friede in mir, noch Ruhe
außer mir. Zum Schein glücklich hatte ich

N 4 · keine

keine einzige Empfindung, die ein prüfendes
Nachdenken aushalten und mich gänzlich vergnügen konnte. Nie war ich weder mit mir,
noch mit andern vollkommen zufrieden. Das
Gelärm der Welt betäubte mich, in der Einsamkeit hatte ich Langerweile; ich mußte unaufhörlich meine Stelle verändern, und nir-
gend war mir wohl. Doch war ich geliebt,
geehrt, überall wohlempfangen; ich hatte
keinen Feind, keinen Verfolger, keinen Nei-
der; da man nichts suchte, als mir Dienste
zu leisten, so hatte ich das Vergnügen selbst
viele Menschen mir zu verbinden, und ohne
Vermögen, ohne Amt, ohne Gönner, ohne
große entwickelte und bekannte Talente genoß ich aller Vortheile, die sonst damit verbunden zu seyn pflegen, und ich kannte in
keinem Stande einen Menschen, dessen Loos
dem meinigen vorzuziehen gewesen wäre.
Was fehlte mir zum Glücke? Das weis ich
nicht; aber ich weis, daß ich nicht glücklich
war. Was fehlt mir izt, um der Unglücklichste der Menschen zu seyn? Nichts von
allem dem, was sie dazu beitragen konnten.
Nun

Nun wohl! nnd in diesem traurigen Zustand
würde ich mein Wesen und mein Schicksal
noch nicht mit dem glücklichsten unter ihnen
vertauschen: ich will in meinem ganzen Elend
noch lieber Ich seyn, als einer von ihnen in
seinem ganzen Wohlergehen. Ich bin auf
mich allein zurück gebracht, und muß mich
von meiner eignen Substanz nähren, aber
sie erschöpft sich nie; ich bin mir selbst ge=
nug, wiewohl meine verwelkte Einbildungs=
kraft und meine verloschene Ideen meinem
Herzen keine Nahrung mehr gewähren.
Meine verdunkelte, durch die Sinne verhin=
derte Seele wird täglich minder, und sie hat
unter diesen schweren Lasten nicht mehr Kraft
genug, um sich, wie sonst, aus ihrer alten
Hülle zu schwingen.

Zu dieser Rückkehr zu uns selbst zwingt
uns die Widerwärtigkeit; und vielleicht ist sie
eben deswegen den meisten Menschen uner=
träglich. Ich habe mir nichts als Fehler
vorzuwerfen; die schreib ich meiner Schwach=
heit zu, und tröste mich: denn nie kam ein
überlegtes Uibel in mein Herz.

Wie

Wie kann man unterdeſſen, wenn man
nicht ganz ſinn= und empfindungsloß iſt,
meine Lage einen Augenblick betrachten,
ohne ſie ſo ſchrecklich zu erblicken, als die
Menſchen ſie gemacht haben, ohne vor
Schmerz und Verzweiflung zu Grunde zu
gehen? Aber ich, das empfindlichſte aller
Weſen, betrachte ſie, und werde nicht be=
wegt; und ohne Kampf, ohne Uiberwin=
dung meiner ſelbſt ſehe ich mich faſt mit einer
völligen Gleichgültigkeit [in einem Zuſtand',
deſſen Anblick jeden andern Menſchen mit
Schrecken erfüllen würde.

Auf welche Art gelangte ich dazu? denn
ich war weit entfernt von dieſer ruhigen Ver=
faſſung, als ich den erſten Argwohn faßte
von dem Komplot, in welches ich ſeit langer
Zeit verwickelt ward, ohne es zu merken.
Die erſte Entdeckung entſezte mich. Schande
und Verrätherei trafen mich plötzlich. Welche
rechtſchaffne Seele iſt auf ſolche Uibel vorbe=
reitet! Um ſie vorzuſehen, müßte man ſie
verdient haben. Ich gieng in alle Fallſtricke,
die

die man unter meine Füße legte. Unwille,
Wuth, Wahnsinn bemächtigten sich meiner;
ich kam außer mir. In den schrecklichen
Finsternissen, mit welchen man mich unauf=
hörlich umgab, sahe ich kein Licht, wonach
ich mich hätte lenken, keine Stütze, nichts,
woran ich mich hätte festhalten und der Ver=
zweiflung, die mich ergrif, hätte wider=
stehen können.

Wie kann man in einer so schrecklichen
Lage glücklich und ruhig seyn? Doch befinde
ich mich noch, und tiefer als jemals, darinn
versenkt, und ich habe Ruhe und Frieden
darinn wiedergefunden; ich lebe glücklich,
und lache über die Qual, mit der sich meine
Verfolger peinigen, da ich ruhig mit Blu=
men, Pflanzen und Kindereien mich beschäf=
tige, und an sie nicht einmal denke.

Wie geschah', dieser Uibergang? Auf eine
natürliche, unmerkbare, leichte Art. Der
erste Schlag war schrecklich. Ich, der ich
mich der Achtung und Liebe würdig fühlte;
ich,

ich, der ich mich geehrt und geliebt zu seyn
glaubte, wie ich's verdiente, sah' mich auf
einmal in ein so abscheuliches Ungeheur, wie
nie eines war, verwandelt. Ich sehe, daß
eine ganze Generation diese Meinung von
mir annimmt, ohne Erklärung, ohne Zweifel,
ohne Schaam, und ohne, daß ich jemals
dazu gelangen konnte, die Ursache dieser selt-
samen Verändrung zu erfahren. Ich stritt
heftig, und verwickelte mich dadurch noch
mehr. Ich wollte meine Verfolger nöthigen,
sich mit mir zu erklären; sie hüteten sich
wohl davor. Nachdem ich mich lange fruchtlos gequält hatte, mußte ich wohl ausruhen.
Unterdessen hoffte ich immer, und sprach zu
mir selbst: eine so unsinnige Verblendung,
ein so abscheuliches Vorurtheil wird sich wohl
des ganzen menschlichen Geschlechts nicht
bemächtigen können. Es giebt noch vernünf-
tige Menschen, die diesen Wahnsinn nicht
theilen; es giebt noch rechtschaffene Seelen,
die den Betrug und die Verrätherei verab-
scheuen. Ich will suchen, vielleicht finde ich
endlich einen Menschen, und wenn ich ihn
finde,

finde, so sind meine Feinde beschämt. Ich suchte umsonst, ich fand' ihn nicht. Die Verschwörung ist allgemein, ohne Ausnahme, und ich bin gewiß, daß ich mein Leben in dieser schrecklichen Verbannung beschließen werde, ohne jemals ihr Geheimnis einzusehen.

In dieser bedaurenswürdigen Lage, worinn die Verzweiflung mein endliches Loos zu seyn schien, fand' ich nach langem Leiden die Heiterkeit, die Ruhe, ja selbst das Glück wieder, weil jeder Tag meines Lebens mich auf eine angenehme Art des vorhergehenden erinnert, und weil ich mir den folgenden nicht besser wünsche.

Woher kommt dieser Unterschied? Von einem einzigen Umstand: ich lernte das Joch der Nothwendigkeit ohne Murren ertragen. Von allen Seiten gedrückt blieb ich im Gleichgewicht, denn ich halte mich an nichts mehr und stütze mich nur auf mich selbst.

Als

Als ich mich mit so vielem Eifer gegen
die Meinung erhob, so hieng ich noch einigermaßen an ihr, ohne es zu bemerken.
Von Leuten, die man achtet, möchte man
auch gern geachtet seyn, und so lange ich
von den Menschen, oder wenigst von einigen,
vortheilhaft denken konnte, so war mir's
nicht ganz gleichgültig, was auch sie von
mir hielten. Ich sahe, daß die Urtheile des
Publikums oft billig sind; aber ich sahe
nicht, daß selbst diese Billigkeit eine Wirkung
des Zufalls ist; daß die Regeln, worauf
die Menschen ihre Meinungen gründen, aus
ihren Leidenschaften und Vorurtheilen geschöpft sind, und daß ihre guten Urtheile
oft aus bösen Grundsätzen entspringen, wie
wenn sie z. B. einen Mann seiner Verdienste
halber zu loben scheinen, nicht aus Liebe zur
Billigkeit, sondern um sich das Ansehen der
Unpartheiligkeit zu geben, und eben diesen
Mann in andern Stücken schändlich ver-
läumden.

Nach-

Nachdem ich aber nach so langen und
vergeblichen Untersuchungen fand, daß sie
alle ohne Ausnahme bei dem abscheulichsten,
unbilligsten System, das die Hölle ersinnen
konnte, blieben, nachdem ich sah', daß in
Betracht meiner die Vernunft aus allen Kö=
pfen, die Gerechtigkeit aus allen Herzen ver=
bannt war ; daß eine ganze wahnsinnige
Generation sich der blinden Wuth seiner Füh=
rer überließ gegen einen Unglücklichen, der
nie einem Menschen Böses that, Böses
wollte, oder Böses mit Bösem vergalt; als
ich nach langem Suchen um einen Menschen
endlich meine Leuchte auslöschen und sagen
mußte: es giebt keine mehr! da fieng ich
an, mich allein auf der Erde zu sehen; und
ich fand, daß alle Menschen für mich nichts
anders, als mechanische Wesen sind, die sich
nur nach äußerm Antrieb bewegen, und
deren Handlungen ich blos nach den Gesetzen
der Bewegung berechnen konnte. Was ich
auch für Absichten und Leidenschaften in ihren
Seelen angenommen hätte, so hätte ich mir
dadurch ihr Betragen gegen mich doch auf
keine

keine verständliche Art erklären können. So
verlor ihre innere Beschaffenheit allen Be=
tracht in meinen Augen. Ich sah' in ihnen
nichts, als verschiedentlich bewegte Massen
ohne alle Moralität.

Bei allen Uibeln, die uns betreffen, sehen
wir mehr auf die Absicht, als auf die Wir=
kung. Ein Ziegel, der vom Dache fällt, kann
einen stärker verwunden, aber er thut nicht
so wehe, als ein Stein, den eine boshafte
Hand geworfen hat. Den körperlichen Schmerz
empfindet man am wenigsten, und wenn ein
Unglücklicher nicht weis, wem er seine Wi=
derwärtigkeit zuschreiben soll, so hält er sich
an das Schicksal, das er sich als eine Per=
son vorstellt, welcher er Augen und eine Ver=
nunft, um ihn mit Absicht zu quälen, an=
dichtet. So raset der durch Verlust aufge=
brachte Spieler, ohne zu wissen, gegen wen.
Er bildet sich ein Verhängniß ein, das gegen
ihn erbittert ist, um ihn zu peinigen; und
weil sein Zorn in dieser Einbildung Nahrung
findet, so wüthet er gegen diesen selbstgeschäf=
nen

nen Feind. Der Weise, der in allen Un=
glücksfällen nichts als Schläge der blinden
Nothwendigkeit sieht, fühlt diese unsinnigen
Bewegungen nicht; er seufzt in seinem
Schmerz, aber ohne Unwillen; er empfindet
von dem Uibel, das ihn befällt, nur die
materielle Wirkung, und die Schläge, die
ihn treffen, mögen seine Person noch so sehr
verwunden, keiner reichet an sein Herz.

Es ist viel, wenn man so weit gekom=
men ist; aber es ist nicht alles. Bleibt
man da stehen, so hat man wohl das Uibel
vernichtet, aber die Wurzel gelassen; denn
diese befindet sich nicht in den Wesen, die
uns fremde und außer uns sind, sondern in
uns selbst, und da muß man sie auszureissen
suchen. Das empfand ich sehr wohl, so bald
ich anfieng in mich zurück zu kehren. Meine
Vernunft fand nichts als Unsinn in allen
Erklärungen, die ich mir über das, was mir
begegnete, machte, und ich sah' ein, daß
alle Ursachen, Mittel und Werkzeuge dieser
Begegnisse mir unbekannt und unerforschlich

O   waren,

waren, folglich für mich Nichts seyn mußten; daß ich alle Zufälle meines Lebens als
Wirkungen einer blinden Fatalität anzusehen
hätte, bei welcher weder Richtung, noch Absicht, noch moralische Ursache vorhanden ist;
daß ich mich ohne Vernünfteln und ohne
Widerstreben unterwerfen müsse, weil beides
nichts nüzt; daß ich mich auf der Erde blos
als ein leidendes Wesen betrachten, und die
Kräfte, welche mir zum Ertragen meines
Unglücks nöthig sind, nicht zu unnützem
Widerstand verbrauchen müsse. So sprach
ich zu mir; meine Vernunft und mein Herz
waren dabei zufrieden, und dennoch empfand
ich, daß mein Herz noch murrte. Woher
kam das? Ich suchte und fand es: die
Eigenliebe war daran Schuld, die von den
Menschen aufgebracht sich nun auch gegen
die Vernunft empörte.

Diese Entdeckung war nicht so leicht, als
man vielleicht glauben könnte: denn ein ver-
folgter Unglücklicher hält den Stolz seines
kleinen Individuums für Liebe der Gerechtigkeit.

tigkeit. Aber kennt man auch die wahre
Quelle einmal, so ist sie leicht verstopft oder
abgewendet. Die Achtung seiner selbst ist
die größte Triebfeder stolzer Seelen; die
Eigenliebe, die leicht zu täuschen weiß, ver=
stellt sich oft in diese Achtung. Wenn sich
aber der Betrug entdeckt, und die Eigenliebe
sich nicht mehr verstecken kann, so ist sie
nicht mehr zu fürchten; und wiewohl man
sie schwerlich erstickt, so kann man sie doch
leicht bändigen.

Ich hatte nie einen großen Hang zur
Eigenliebe. Aber sie ward stärker in der
Welt, und besonders, da ich Schriftsteller
ward; ich hatte ihrer vielleicht nicht so viel,
als ein andrer, aber ich hatte doch erstaunlich
viel. Die schrecklichen Lehren, die ich er=
hielt, haben sie in ihre erste Gränzen ge=
bracht; ihre erste Wirkung war Unwille ge=
gen Ungerechtigkeit, ihre lezte blieb Verach=
tung derselben. Sie begnügte sich endlich
damit, daß ich gut genug für mich selbst
war, nachdem alle äußere Verhältnisse von

mir

mir getrennt waren. Da ward meine Eigen=
liebe wieder Liebe meiner selbst, sie kehrte in
die natürliche Ordnung zurück, und befreite
mich von dem Joch der Meinung.

Von der Zeit an fand ich die Ruhe der
Seele und fast die Glückseligkeit wieder.
Denn in welcher Lage man sich auch befin=
den mag, so ist man nur durch die Eigen=
liebe allein unglücklich. Wenn sie schweigt,
so tröstet uns die Vernunft über die Uibel,
die wir nicht vermeiden konnten, ja sie ver=
nichtet diese Uibel gar, in so weit sie uns
nicht unmittelbar treffen; man entgeht ihrer
Strenge; denn sie sind nichts für den, der
nicht an sie denkt. Beleidigungen, Ungerech=
tigkeiten, Unbilden, Beschimpfungen sind
nichts für den, der in dem Uibel, das er
erträgt, nur das Uibel selbst, nicht die Ab=
sicht erblickt, der sich selbst zu schützen weiß,
und sich darum nicht kümmert, was andre
aus ihm machen. Für was die Menschen
mich auch halten mögen, sie können mein
Wesen nicht ändern; und ungeachtet aller

ihrer

ihrer geheimen Ränke und Macht werde ich
immer seyn, was ich bin. Zwar hat ihr
Betragen gegen mich Einfluß auf meine
Lage. Die Trennung zwischen ihnen und
mir benimmt mir alle Hülfsmittel zu meinem Unterhalt und Beistand in meinem Alter und meinen Bedürfnissen. Selbst das
Geld wird mir dadurch unnütz, weil es mir
die nöthigen Dienste nicht mehr verschaffen
kann; es ist kein Umgang, kein wechselseiti-
ger Beistand, kein Verhältniß mehr zwischen
ihnen und mir. Allein in ihrer Mitte bin
ich meine einzige Hülfe, und diese Hülfe ist
in meinem Alter und Zustand sehr schwach.
Diese Uibel sind groß, aber sie haben alle
Stärke über mich verloren, seitdem ich sie
ohne Unwillen ertragen lernte. Die Umstände, wo das wahre Bedürfniß sich fühlen
läßt, sind selten. Die Vorsichtigkeit und
Einbildung vervielfältigen sie, und diese fort
dauernde Empfindungen machen uns unru
hig und unglücklich. Ich mag wissen, daß
ich morgen leiden muß, genug für mich, daß
ich heute nicht leide, um glücklich zu seyn.

D 3   Ich

Ich kümmere mich nichts um das Uibel, das ich vorsehe, sondern nur um das, was ich leide, und daburch wird es sehr klein. Allein, krank, matt in meinem Bette könnte ich vor Hunger und Armuth verschmachten, ohne daß sich ein Mensch die mindeste Sorge daraus mache. Aber was liegt daran, wenn es mir eben so gleichgültig ist, und eben so wenig nach meinem Schicksal frage, als andre. Ist das nichts, daß ich, besonders in meinem Alter, gelernt habe, das Leben und den Tod, die Krankheit und Gesundheit, Reichthümer und Armuth, Ehre und Schande mit gleichgültigen Augen anzusehen. Andre Alte beunruhigen sich über alles, ich aber über nichts; was mir immer begegnen kann, mir ist's gleichviel, und diese Gleichgültigkeit ist kein Werk meiner Weisheit, sondern das Werk meiner Feinde, und wird ein Ersatz für die Leiden, mit welchen sie mich überhäuft haben. Da sie mich gegen die Widerwärtigkeit unempfindlich gemacht, so thaten sie mir mehr Gutes, als wenn sie mich gänzlich verschont hätten. Hätte ich nie

Unglück

Unglück verſucht, ſo könnte ich's immer
fürchten; da ich's aber beſiegte, ſo fürchte
ich's nicht mehr.

Dieſe Faſſung überläßt mich bei allen
Bitterkeiten meines Lebens der Sorgloſigkeit
meines Naturells, beinahe eben ſo vollkom=
men, als lebte ich in dem beſten Wohler=
gehen. Außer den kurzen Augenblicken, wo
mir die gegenwärtigen Umſtände die ſchmerz=
lichſte Unruhe verurſachen, folge ich ſonſt in
allen meinen Neigungen; mein Herz nährt
ſich noch von den Empfindungen, für die es
geſchaffen wurde, und ich genieße ihrer mit
den eingebildeten Weſen, die ſie hervorbrin=
gen und mit mir theilen, gleichſam als exi=
ſtirten dieſe Weſen wirklich. Sie exiſtiren
auch für mich, der ich ſie erſchaffen habe,
und ich fürchte nicht, daß ſie mich verra=
then oder verlaſſen. Sie dauern ſo lange
als mein Unglück ſelbſt, und machen nichts
vergeſſen.

Alles

Alles führt mich auf das glückliche, süße Leben, für das ich geboren ward; ich bringe drei Theile meines Lebens mit belehrenden und auch angenehmen Gegenständen zu, welchen ich meinen Geist und meine Sinne mit Entzücken überlasse; oder mit den Kindern meiner Einbildungskraft, die ich nach meinem Herzen schaffe, und deren Gesellschaft seine Empfindungen unterhalten; oder mit mir allein, zufrieden mit mir selbst und voll des Glückes, dessen ich mich werth fühle. Alles dieses bringt die Liebe meiner selbst hervor, die Eigenliebe thut nichts dabei. Nicht aber so in den traurigen Augenblicken, die ich noch mit den Menschen zubringe, ein Gegenstand ihrer verrätherischen Schmeicheleien, ihrer spöttischen Komplimente, ihrer honigsüßen Bosheit. Wie ich mich auch dabei nehmen mag, so treibt die Eigenliebe doch ihr Spiel. Der Haß und die Bitterkeit, welche ich durch diese grobe Hülle in ihren Herzen sehe, peinigen das meinige, und der Gedanke, daß man mich so thörichterweise für eine Düpe nimmt, verursacht mir noch da-

neben

neben einen kindiſchen Schmerz, die Frucht
einer albernen Eigenliebe, die ich nicht
überwältigen kann, wiewohl ich ſie für ſehr
albern erkenne. Die Mühe, mit welcher ich
mich gegen dieſe beleidigende Anblicke abzu=
härten ſuchte, iſt unglaublich. Hundertmal
gieng ich durch die öffentlichen Spaziergänge
und an die Oerter, wo die meiſten Men=
ſchen waren, in der einzigen Abſicht, mich
in dieſen Kämpfen zu üben. Aber ich erhielt
nichts über mich, und kam nicht einmal
weiter; alle meine müheſame aber fruchtloſe
Verſuche ließen mich, wie ich war.

Beherrſcht von meinen Sinnen konnte ich
nie ihren Eindrücken widerſtehen, und ſo
lange der Gegenſtand auf ſie wirkt, kann
mein Herz nicht ruhig ſeyn; aber dieſe vor=
übergehende Bewegung dauert nicht länger,
als der Eindruck, der ſie hervorbrachte. Die
Gegenwart des boshaften Menſchen macht
eine ſchmerzliche Wirkung auf mich; ſo bald
er aber verſchwindet, ſo verſchwindet der Ein=
druck mit ihm; wenn ich ihn nicht mehr

D 5 ſehe

sehe, so denk' ich nicht an ihn. Ich mag
auch wissen, daß er hingeht, sich mit mir zu
beschäftigen; ich kann nicht an ihn denken.
Das Uibel, welches ich nicht wirklich fühle,
kümmert mich nicht; ein Verfolger, den ich
nicht vor mir sehe, ist nichts für mich. Ich
weiß, welchen Vortheil diese Fassung denenjenigen verschaft, welche mein Schicksal lenken. Sie mögen es also nach ihrem Willen
lenken. Ich will lieber, daß sie mich ohne
Widerstand peinigen, als daß ich gezwungen
seyn sollte, an sie zu denken, um mich vor
ihren Nachstellungen zu hüten.

Diese Wirkung meiner Sinne auf mein
Herz verursacht die einzige Qual meines Lebens. An jedem Ort, wo ich keinen Menschen sehe, denke ich an mein Schicksal nicht.
Ich empfind' es nicht, und bin leidenfrei.
Ich bin zufrieden und glücklich ohne Hinderniß und ungestört. Aber selten entgehe ich
einem sinnlichen Eindruck, und wenn ich
mich dessen am wenigsten versehe, so bringt
mich eine Gebärde, ein falscher Blick, ein
gifti-

giftiges Wort, ein böſer Menſch, der mir
begegnet, außer Faſſung. Alles, was ich in
dergleichen Fällen thun kann, iſt, geſchwind
vergeſſen und fliehen. Die Unruhe meines
Herzens verſchwindet mit dem Gegenſtand,
der ſie verurſacht hat, und ich werde ruhig,
ſo bald ich allein bin; oder wenn mich noch
etwas beunruhigt, ſo iſt's die Furcht, auf
meinem Wege eine neue Urſach des Kummers
zu finden. Das iſt mein einziger Verdruß;
aber er iſt hinlänglich, mein Glück zu verbittern. Ich wohne mitten in Paris. Wenn
ich aus meinem Hauſe gehe, ſo ſeufze ich
nach dem freien Felde und nach der Einſamkeit; aber ich muß ſo weit gehen, um dahin
zu gelangen, daß ich, ehe es mir erlaubt iſt,
frei zu athmen, tauſend Gegenſtände auf
meinem Wege antreffe, die mir mein Herz
zuſammendrücken, und bringe ich die Hälfte
des Tages in Aengſten zu, ehe ich die Frei-
ſtätte erreiche, die ich ſuche. Glücklich,
wenn man mich wenigſtens meinen Weg
vollenden läßt. Der Augenblick, wo ich
meinen boshaften Begleitern entwiſche, iſt
ent-

entzückend, und so bald ich mich unter
Bäumen und im Grünen befinde, so glaube
ich im irdischen Paradies zu seyn; ich em=
pfinde eine Luft in mir, als wär ich der
glücklichfte unter den Menschen.

Ich erinnere mich noch wohl, daß mir
während meinem kurzen Wohlergehen diese
einsamen Spaziergänge, die mir izt so viel
Vergnügen verschaffen, unschmackhaft und
langweilig waren. Wenn ich bei jemand auf
dem Lande war, so schlich ich oft, wie ein
Dieb, heimlich davon, und gieng allein in
den Garten oder aufs Feld, spaziren. Aber
weit entfernt, die Ruhe dabei zu finden, der
ich izt genieße, so war ich in Bewegung von
den eiteln Ideen, die mich im Saale be=
schäftigt hatten; die Erinnerung der Gesell=
schaft, von welcher ich kam, begleitete mich.
In der Einsamkeit umnebelten die Dünfte
der Eigenliebe das frische Grün vor meinen
Augen, und das Gelärm der Welt störte
meine Ruhe. Umsonft drang ich in die
Tiefe der Wälder, eine überläftige Gesell=
schaft

schaft folgte mir überall, und verunstaltete
für mich die ganze Natur. Ich fand erst
ihre Reize wieder, nachdem ich mich von
allen gesellschaftlichen Leidenschaften und ih=
rem traurigen Gefolge losgemacht hätte.

Uiberzeugt von der Unmöglichkeit, diese
erst unwillkürlichen Bewegungen zu unter=
drücken, häb ich alle Versuche aufgegeben.
Ich lasse bei jedem Anläß mein Blut in
Wallung gerathen, den Zorn und Unwillen
sich meiner Sinnen bemächtigen; ich gestehe
der Natur diesen ersten Ausbruch zu, den
doch alle meine Kräfte nicht verhindern könn=
ten. Nur bemühe ich mich, die Folgen zu
verhüten. Die funkelnden Augen, das bren=
nende Angesicht, das Zittern der Glieder,
das beklemmende Herzklopfen, alles das
hängt blos vom physischen ab, durch Ver=
nünfteln ändert man's nicht. Hat man
aber dem Temperament diesen Ausbruch
überlassen, so kann man nach und nach sich
und seine Sinne wieder bemeistern; lange
gab ich mir vergebliche Mühe, so weit zu
gelan=

gelangen, aber endlich glückte es mir; ich verschwende meine Kräfte nicht mehr auf einen fruchtlosen Widerstand, sondern ich erwarte den Augenblick, wo ich, um zu siegen, meine Vernunft kann handeln lassen, denn sie redet nie, als wenn sie gehört wird. Doch, was sag' ich! meine Vernunft? O ich hätte sehr Unrecht, wenn ich ihr die Ehre dieses Sieges zuschreiben wollte, denn sie hat keinen Theil daran; alles kömmt von einem beweglichen Temperament her, das vom Sturm aufgebracht, und, so bald der Sturm aufhört, wieder ruhig wird; mein feuriges Naturel sezt mich in Bewegung, mein sanftes Naturel beruhigt mich wieder. Ich überlasse mich jeder gegenwärtigen Erschütterung, jeder Stoß giebt mir eine lebhafte und kurze Bewegung, die mit dem Stoß sogleich wieder verschwindet; nichts mitgetheiltes kann lange in mir dauern. Alle Zufälle des Glückes, alle Verfolgungen der Menschen können wenig wirken auf einen Menschen, der so beschaffen ist.

Um

Um mich unaufhörlich leiden zu laſſen,
müßte man den Eindruck mit jedem Augenblick erneuern können. Denn, wie kurz
auch die Ruhepunkte ſind, ſo ſind ſie hinlänglich, um mich wieder zu mir ſelbſt zu
bringen. Ich bin, was die Menſchen wollen, ſo lange ſie auf meine Sinne wirken
können; kaum aber hört dieſe Wirkung auf,
ſo werde ich wieder, was die Natur gewollt
hat. Dieß iſt mein dauerhafteſter Zuſtand,
durch welchen ich, trotz dem Geſchicke, eines Glückes genieße, für das ich geſchaffen bin.

Ich habe dieſen Zuſtand in einem meiner
Spaziergänge beſchrieben; er ſchickt ſich ſo
gut für mich, daß ich nichts wünſche, als
ſeine Dauer, und nichts fürchte, als ſeine
Stöhrung. Das Uibel, welches mir die
Menſchen zugefügt haben, rührt mich auf
keine Art; nur die Furcht deſſen, ſo ſie mir
noch zufügen könnten, kann mich noch beunruhigen. Aber in der Gewißheit, daß
ſie

fie keinen neuen Angriff auf mich thun können, der im stånde wåre, eine dauerhafte
Empfindung in mir hervorzubringen, lache
ich ihrer Arglist, und genieße, zu ihrem
Verdruß, meiner selbst.

Neunter Spaziergang.

Das Glück ist ein bleibender Zustand, der für den Menschen hienieden nicht gemacht zu seyn scheint. Alles ist auf der Erde in einer immerwährenden Bewegung, so, daß nichts eine dauerhafte Gestalt erhalten kann. Alles um uns ändert sich. Wir ändern uns selbst, und keiner kann versichert seyn, daß er morgen lieben werde, was er heute liebt. Alle Entwürfe von Glückseligkeit in diesem Leben sind also Chimären. Machen wir uns das Vergnügen des Geistes zu nutze, wenn es kömmt; hüten wir uns, es durch unsre Schuld zu entfernen, aber bemühen wir uns auch nicht, es fest zu halten, denn das ist Thorheit. Ich habe

P   wenige

wenige glückliche Menschen gesehen, vielleicht
gar keinen; aber oft sah' ich vergnügte Her=
zen, und unter allen Gegenständen, die mir
jemals aufgefallen sind, gab mir dieser das
meiste Vergnügen. Ich glaube, daß dieß
eine natürliche Folge von der Gewalt äußerer
Eindrücke auf meine innere Empfindungen
seyn muß. Das Glück hat kein äußerliches
Merkzeichen; um es zu erkennen, müßte man
in dem Herzen des Glücklichen lesen können;
aber das Vergnügen offenbart sich in den
Augen, den Gebärden, dem Accent, dem
Gange, und es scheint sich dem, der es
wahrnimmt, mitzutheilen. Gieb: es eine
süßere Lust, als ein ganzes Volk an einem
festlichen Tage sich der Freude überlassen zu
sehen, wenn sich alle Herzen den Stralen des
Vergnügens öfnen, die schnell, aber lebhaft
durch das Gewölke des Lebens dahin blin=
ken? — — — — — — — — — —

Vor drei Tagen kam der Hr. P. mit
einer außerordentlichen Eilfertigkeit zu mir,
und zeigte mir die Lobrede auf die Madame
Geoffrin

Geoffrin vom Hrn. D. Ehe er zu lesen
anfieng, schlug er ein helles Gelächter auf
über den lächerlichen Neologismus dieser
Schrift, und über die kindischen Wortspiele,
wovon sie, wie er sagte, voll wäre. Er las
endlich, und lachte immer. Ich hörte ihm
ernsthaft zu, und weil er sahe, daß ich nicht
mitlachen wollte, so hörte er auch auf. Der
längste und gesuchteste Artikel dieser Schrift
handelte von dem Vergnügen, welches Madame Geoffrin an der Gesellschaft und dem
Geplauder der Kinder zu haben pflegt. Der
Verfasser zog aus dieser Neigung mit Recht
den Beweis eines guten Naturels. Aber
dabei blieb er nicht; er beschuldigte auf eine
entscheidende Art alle diejenigen, welche diese
Neigung nicht haben, eines bösen Herzens,
und er gieng so weit, daß er sagte, wenn
man die Verbrecher, welche zum Galgen und
Rade geführt werden, darüber befragte, so
würden sie alle eingestehen, daß sie die Kinder nicht geliebt hätten. Diese Gedanken
machten an ihrer Stelle eine sonderbare Wirkung. Gesezt, daß das alles wahr ist, war

hier

hier der Ort, es zu sagen? und mußte man
das Lob einer würdigen Frau mit Bildern
von Missethätern und Todesstrafen verun=
stalten? Ich begreif leicht den Beweggrund
dieser niederträchtigen Affektation, und da
Hr. P. ausgelesen und ich die Stellen, die
mir vorzüglich gefielen, angemerkt hatte,
sezte ich hinzu, daß der Verfasser, da er
dieses schrieb, weniger Freundschaft als Haß
in seinem Herzen gehabt habe.

Am folgenden Tag war schönes Wetter.
Ich gieng bis an die Militärschule, und
glaubte da Pflanzen in der Blüthe zu finden.
Unterweges dachte ich an den gestrigen Be=
such und an die Schrift des Hrn. D.; mein
erster Gedanke war, daß das Episod nicht
ohne Absicht da wäre, und der einzige Um=
stand, daß man mir diese Broschüre brachte,
mir, dem man sonst alles verbirgt, ließ mich
einsehen, worauf man damit abzielte. Ich
hatte meine Kinder ins Findelhaus gegeben.
Das war genug, um mich in einen lieblosen,
unnatürlichen Vater zu verwandeln; und da
man

man diese Idee festhielt und weiter ausdehnte,
so zog man nach und nach die unwidersprech=
liche Schlußfolge daraus, daß ich die Kinder
hasse. Da ich so der Kette dieser Stufen=
folge nachdachte, so mußte ich die Kunst be=
wundern, mit welcher die menschliche Er=
findsamkeit den Dingen eine andre Gestalt
zu geben weiß. Denn ich glaube nicht, daß
ein Mensch in der Welt lieber kleine Kinder
umherhüpfen und miteinander spielen siehet;
oft bleib ich mitten auf der Straße oder auf
meinen Spaziergängen stehen, und sehe ih=
ren Schelmereien und Spielen zu mit einer
Theilnahme, die ich bei keinem andern be=
merke. An dem nämlichen Tage, da Hr. P.
zu mir kam, eine Stunde vor seinem Be=
suche, waren die zwei kleinsten Kinder mei=
nes Hauswirthes bei mir, wovon das älteste
etwa sieben Jahre alt seyn mag. Sie küß=
ten mich so herzlich, und ich gab ihnen ihre
Liebkosungen so zärtlich zurück, daß sie un=
geachtet des ungleichen Alters recht gern bei
mir zu seyn schienen, und ich war ganz ent=
zückt, zu sehen, daß meine alte Figur sie

nicht

nicht abſchreckte. Der jüngſte kam ſo gern
zu mir, daß ich, noch kindiſcher als ſie, eine
gewiſſe Vorliebe für ihn fühlte, und ich ſah'
ihn ſo ungern weggehen, als ob's mein eigen
Kind geweſen wäre.

Ich ſehe wohl ein, daß der Vorwurf,
meine Kinder ins Findelhaus gegeben zu
haben, mit einer kleinen Wendung leicht in
einen andern hat ausarten können, nämlich,
daß ich ein unnatürlicher Vater bin und die
Kinder haſſe. Unterdeſſen iſt gewiß, daß die
Furcht eines weit ſchlimmern und für ſie
unvermeidlichen Schickſals mich meiſtens zu
dieſem Schritte bewogen hat. In meiner
Lage war mir's nicht möglich, ſie ſelbſt zu
erziehen; es müßte mir alſo gleichgültig
geweſen ſeyn, was aus ihnen würde, wenn
ich ihre Erziehung ihrer Mutter, die ſie würde
verdorben und ihren Freunden, die' ſie zu
Ungeheuern würden gemacht haben, überlaſſen hätte. Noch zittre ich, wenn ich dran
denke. Was Mahomet aus dem Seïde
machte, iſt nichts in Vergleich mit dem,
was

was man aus meinen Kindern in Betref
meiner gemacht hätte, und die Fallstricke,
die man mir deßhalb in der Folge legte,
überzeugen mich genug, daß der Entwurf
gemacht war. Zwar war ich damals weit
entfernt, jene greuliche Verfolgungen vorzu-
sehen; aber ich wußte, daß es für meine
Kinder keine weniger gefährliche Erziehung
gebe, als im Findelhause, und ich that sie
dahin. Ich würde es noch thun, und mit
weit weniger Bedenklichkeit, wenn ich's noch
zu thun hätte, und ich bin gewiß, daß es
keinen zärtlichern Vater gegeben hätte, als
ich ihnen gewesen seyn würde, wenn die
Gewohnheit der Natur nur ein wenig zu
Hülfe gekommen wäre.

Wenn ich einige Kenntniß des menschlichen Herzens erworben habe, so hat mir
das Vergnügen, mit welchem ich immer die
Kinder sahe und beobachtete, dazu geholfen.
Eben dieß Vergnügen war in meiner Jugend
einigermaßen ein Hinderniß, denn ich spielte
so fröhlich und gutherzig mit den Kindern,

P 4   daß

daß ich nicht dran dachte, sie zu beobachten.
Da ich aber in meinem Alter sah', daß meine
baufällige Gestalt sie beunruhigte, so wollte
ich ihnen nicht gern überlästig seyn; lieber
beraubte ich mich eines Vergnügens, als daß
ich ihre Freude störte. Da begnügte ich
mich, ihren Spielen und kleinen Neckereien
zuzusehen, und der Verlust meines Vergnügens ward mir ersezt durch die Einsicht,
welche ich durch diese Beobachtungen in die
ersten und wahren Triebe der Natur, von
welchen alle unsre Gelehrte nichts wissen.
In meinen Schriften liegt der Beweis, daß
ich diese Untersuchungen mit zu viel Theilnahme angestellt habe, als daß ich kein
Vergnügen dabei empfunden haben solle,
und in der That, nichts in der Welt kann
unglaublicher seyn, als daß die Eloise und
der Emil Werke eines Mannes sind, der die
Kinder nicht liebte.

Ich hatte nie viel Gegenwart des Geistes und Leichtigkeit im Reden; aber seit
meinem Unglück ward meine Zunge und mein
Kopf

Kopf noch verwirrter. Die Idee und das
eigne Wort entgehen mir, und nichts erfodert eine beſſere Einſicht und eine geſchicktere
Auswahl der paſſenden Ausdrücke, als eine
Unterredung mit Kindern. Was die Verlegenheit bei mir vergrößert, iſt die Aufmerkſamkeit der Zuhörenden, die Auslegungen
und die Bedeutung, welche ſie den Reden
eines Mannes geben, der für die Kinder
ſchrieb, und, ihrer Meinung nach, wie ein
Orakel mit ihnen ſprechen muß. Dieſer
Zwang und meine Untauglichkeit beunruhigen mich, und bringen mich aus meiner
Faſſung; vor einem Monarchen Aſiens wär
ich minder verlegen, als vor einem kleinen
Kinde, das ich ſoll plaudern machen.

Noch ein andrer Umſtand entfernt mich
izt von ihnen, und ſeit meinem Unglück
ſehe ich ſie zwar noch mit dem nämlichen
Vergnügen, aber ich bin nicht mehr ſo ver-
traulich mit ihnen. Die Kinder lieben das
Alter nicht. Der Anblick der abſterbenden
Natur iſt ſcheuslich in ihren Augen. Der

Wider-

Widerwille, den ich bei ihnen bemerke, thut mir wehe, und ich will lieber von ihnen bleiben, als ihnen Zwang anthun. Dieser Beweggrund wirkt nur auf wahrhaft liebende Seelen; in den Augen unsrer Doktoren und Doktorinnen gilt er nichts. Mad. Geoffrin bekümmerte sich wenig darum, ob die Kinder Vergnügen bei ihr fänden, wenn sie nur Vergnügen bei ihnen fand. Für mich aber ist dieß Vergnügen schlimmer als gar keines; ich empfinde es nur, wenn sich's mittheilt, und ich bin nicht mehr in dem Alter und der Lage, wo das Herz eines Kindes sich dem meinigen öfnen könnte. Wenn dieß für mich noch möglich seyn könnte, so wär das Vergnügen desto lebhafter, je seltner es ist; ich empfand es wohl am vorigen Morgen, als ich die Kleinen meines Wirthes liebkosete, denn die Gegenwart der Kindsfrau, die mir sie zuführte, that mir keinen Zwang an, und dann verloren auch die Kleinen nicht die fröhliche Miene, mit der sie zu mir kamen; sie schienen weder Mißvergnügen noch Langeweile bei mir zu haben.

O wä=

O wären mir nur noch einige Augenblicke einer wahren aus dem Herzen strömenden Zärtlichkeit vergönnt, auch nur von einem Kinde, das noch im Leibkleidchen geht! könnte ich nur noch einmal die Freude und das Vergnügen bei mir zu seyn in einem Auge erblicken, über wie viele Leiden würden mich nicht diese kurzen aber süßen Ergießungen meines Herzens trösten! Ach! dann dürfte ich nicht unter den Thieren den Blick des Wohlwollens suchen, der mir von den Menschen auf immer versagt ist. Aus wenig Beispielen kann ich davon urtheilen; aber sie sind meinem Gedächtniß immer werth. Das folgende ist eines davon; in jedem andern Zustand würde ich's vergessen haben, aber der Eindruck, den es auf mich machte, schildert mein ganzes Elend.

Vor zwei Jahren kam ich auf einem Spaziergang durch das Dorf Cligmancourt. Ich gieng zerstreut und nachdenkend, ohne um mich zu schauen, als ich auf einmal meine Knie umfassen fühlte. Ich sehe hin, und

und erblicke ein kleines Kind von 5 oder 6
Jahren, das sich mit allen Kräften an meine
Knie schmiegte; es sah mich dabei mit einer
so vertraulichen, schmeichelnden Miene an,
daß mein Innres bewegt ward. Ich nahm
das Kind in meine Arme, küßte es oft mit
Entzücken und dann gieng ich weiter. Unterweges fühlte ich, daß mir etwas fehlte.
Ein werdendes Bedürfniß führte mich auf
meinem Wege zurück. Ich warf mir vor,
daß ich das Kind so plötzlich verlassen hatte;
ich glaubte in seiner Handlung ohne schein-
bare Ursache eine Art von Eingebung zu
sehen, die ich nicht verachten sollte. Ich
gebe der Versuchung nach, gehe zurück, laufe
auf das Kind zu, umarme es von neuem
und schenke ihm etwas, damit es sich kleine
Kuchen von Nanterre kaufe, die da eben von
ohngefär ein Mann feil trug; ich fange an,
es zum Plaudern zu bringen, und frage es,
wer sein Vater sei. Es zeigte mir auf
einen Mann, der Fässer band. Ich wollte
eben das Kind verlassen, um mit ihm zu
reden, als ich sahe, daß mir ein Mensch von
einer

einer bösen Miene zuvorgekommen war; ich
hielt ihn für einen von den Spionen, die
man mir auf jeden Schritt nachschickt.
Während daß dieser mit ihm sprach, sah'
mich der Faßbinder starr und aufmerksam an,
mit einem Blicke, worin nichts freundschaft=
liches war. Dieß drückte mir mein Herz
gleich zusammen, und ich verließ den Vater
und das Kind noch eilfertiger, als ich zu=
rückgekommen war, aber mit einer weit un=
angenehmern Unruhe, die meine Empfindun=
gen ganz änderte. Doch erwachten sie seit
dem oft in meinem Herzen wieder. Ich
gieng einigemale durch Cllignancourt, in der
Hofnung, das Kind wieder zu sehen, aber
ich fand weder den Vater noch das Kind,
und es blieb mir von dieser Begebenheit
nichts, als eine ziemlich lebhafte Erinnerung,
die, gleich allen andern Bewegungen, so noch
manchmal zu meinem Herzen dringen, mit
Lust und Traurigkeit vermischt ist.

Es giebt für alles einen Ersatz; wenn
meine Freuden selten und kurz sind, so em=
pfinde

pfinde ich sie aber auch lebhafter, als wenn sie mir gemeiner wären; ich genieße sie durch öftere Erinnerung wieder, und so selten sie auch seyn mögen, so würde ich vielleicht doch glücklicher seyn, als in der Zeit meines Wohlergehens, wenn sie nur immer rein und unvermischt wären. In der äußersten Nothdurft ist man mit wenigem reich. Ein Bettler, der einen Thaler findet, freut sich mehr, als ein Reicher bei einem Beutel voll Gold. Man würde lachen, wenn man in meiner Seele den Eindruck sähe, den die kleinste Freude darin macht, die ich der Wachsamkeit meiner Verfolger entziehen kann. Eine der angenehmsten hatte ich vor vier oder fünf Jahren, und ich erinnere mich ihrer nie ohne das größte Vergnügen, daß ich mir sie so gut zu Nutze gemacht hatte.

An einem Sonntag hatte ich mit meiner Frau zu Porte Maillot zu Mittage gespeist. Nach dem Mittage giengen wir durch den Wald von Boulogne. Wir sezten uns an einem schattigten Ort auf den Rasen nieder,

um

um den Untergang der Sonne abzuwarten,
und dann durch Paſſy langſam zurück zu keh=
ren. Zwanzig kleine Mädchen, die eine Art
von Kloſterfrau führte, kamen daher; einige
ſezten ſich, die andern hüpften nahe bei uns
herum. Bald nach ihnen kam ein Hippen=
krämer mit ſeiner Trommel und ſeinem
Glücksrabe vorüber, der Kunden ſuchte. Ich
ſahe, daß die kleinen Mädchen ſehr viel Luſt
zu den Hippen bezeugten, und zwei oder drei
unter ihnen, die vermuthlich ein paar Pfen=
ninge in der Taſche hatten, foderten die
Erlaubniß zu ſpielen. Während daß die
Aufſeherinn ſich weigerte und zankte, rief
ich dem Manne, und ſagte ihm, daß er
alle die Mädchen, jede nach der Reihe auf
meine Rechnung ſollte ziehen laſſen. Dieß
Wort verbreitete eine Freude über die ganze
Schaar, die allein meine Ausgabe würde
bezahlt haben, wenn's mich auch meinen
ganzen Beutel gekoſtet hätte.

Da ich ſahe, daß ſie ſich in Unordnung
hinzudrangen, ſo ſtellte ich ſie, mit Hilfe der
Auf=

Auffeherinn, alle auf eine Seite in eine
Reihe, und ließ sie nacheinander, wie eine
jede gezogen hatte, hinüber gehen. Wiewohl
nun keine Null herauskam, und eine jede
wenigst eine Hippe gewann, so, daß keine
ganz mißvergnügt seyn konnte, so sagte ich
doch dem Manne, um das Fest frölicher zu
machen, daß er sich seiner gewöhnlichen
Geschicklichkeit, aber im entgegengesezten
Verstande, bedienen und so viel gute Loose
sollte fallen machen, als er könnte; ich
stünde ihm für den Schaden. Durch diese
Vorkehr geschah's, daß wohl hundert Hippen
ausgetheilt wurden, obschon jedes Mädchen
nur einmal zog: denn darinn war ich uner-
bittlich, ich wollte keinen Mißbrauch und
keinen Vorzug gestatten, der zu Mißvergnügen hätte Anlaß geben können. Meine Frau
überredete diejenigen, welchen gute Loose
zugefallen waren, mit ihren Gefährtinnen
zu theilen. Durch diese Theilung ward
alles gleich und die Freude allgemein.

Ich

Ich bat die Klosterfrau, auch zu ziehen, und fürchtete sehr, sie möchte mein Anerbieten verächtlich ausschlagen; aber sie nahm es höflich an, zog wie die Mädchen, und nahm ohne Umstände, was ihr zufiel. Ich wußte ihr ungemein viel Dank dafür, und fand in diesem Betragen eine Art von Höflichkeit, die mir sehr gefiel, und wohl so viel werth ist, als jene unsrer affektirten Damen. Während dem gab es kleine Zänkereien, die man vor meinen Richterstuhl brachte; und da die Mädchen ihren Handel so nacheinander bei mir vorbrachten, machte ich die Bemerkung, daß, wiewohl keine schön war, die Artigkeit einiger ihre Häßlichkeit vergessen machte.

Wir verließen uns beiderseits sehr vergnügt, und dieser Tag ist einer von denen, deren ich mich mit der größten Zufriedenheit erinnere. Das Fest war übrigens nicht kostspielig. Für dreißig Sols, die es mich höchstens kostete, hatten wir für hundert Thaler Vergnügen; so wahr ist es, daß die

Q   Freude

Freude nicht nach · der Ausgabe berechnet
werden kann, und daß die Frölichkeit eine
größere Freundinn von Pfenningen, als von
Louisd'or ist. Ich habe nachher diesen Ort
oft wieder um die nämliche Stunde besucht,
in der Hofnung, die kleine Truppe wieder zu
finden, aber es geschah' nie.

Dieß bringt mich auf eine andre Unterhaltung von gleicher Art, der ich mich von
länger erinnere. Es war in der unglücklichen Zeit, da ich in Gesellschaft reicher und
gelehrter Leute lebte, und manchmal gezwungen war, an ihren traurigen Ergötzungen
Theil zu nehmen. Ich war auf Chevrette
an dem Namenstage des Gutbesitzers; die
ganze Familie hatte sich versammelt, diesen
Tag zu feiern; die ganze Pracht lärmender
Ergötzlichkeiten ward ausgekramt. Schau-
spiele, Feste, Feuerwerke, nichts ward ge-
schont. Man hatte nicht Zeit, Athem zu
schöpfen, und man betäubte sich, statt sich
zu vergnügen. Nach dem Mittagmale gieng
man in die Gegend spazieren, wo ein Markt
gehal-

gehalten wurde. Man tanzte; die Herren
würdigten sich mit den Bäurinnen zu tanzen;
die Damen aber behaupteten ihre Würde.
Es waren da Gewürzkuchen feil. Ein jünger
Mensch von der Gesellschaft hatte den Ein=
fall, von diesen Kuchen zu kaufen, um sie
unter den Haufen zu werfen, und man sah'
mit so viel Vergnügen, wie diese Elende sich
darüber herstürzten, sich schlugen und zu
Boden warfen, daß die ganze Gesellschaft
diesem Beispiel folgte. Nun sah' man nichts
mehr, als Gewürzkuchen fliegen und Jungen
und Mädchen laufen, sich niederreissen und
raufen; das gefiel allen ungemein. Aus
falscher Schaam that ich, wie die andern,
fühlte aber kein Vergnügen, wie sie. Ich
ward bald müde, meinen Beutel zu leeren,
um die Leute sich herumbalgen und lähmen
zu lassen; ich verließ die Gesellschaft und
gieng allein auf dem Markte spazieren. Die
Mannichfaltigkeit der Gegenstände vergnügte
mich lange. Unter andern erblickte ich fünf
oder sechs Savoyarden bei einem kleinen
Mädchen, das noch ein Dutzend schlechter

Aepfel

Aepfel in seinem Korbe hatte, deren es gern
los geworden wäre. Die Savoyarden hätten
es herzlich gern davon entledigt, aber sie
hatten alle zusammen nicht mehr, als zween
oder drei Pfenninge, und damit konnten sie
keine große Lücke unter die Aepfel machen.
Für sie war der Korb der Garten der Hespe-
riden und das kleine Mädchen der Drache,
der ihn bewahrte. Diese Komödie unterhielt
mich lange; endlich machte ich die Entwicke-
lung damit, daß ich dem Mädchen seine
Aepfel bezahlte, und sie unter die kleinen
Buben austheilen ließ. Da hatte ich den
schönsten Anblick, der dem Herzen eines
Menschen wohlthun kann, nämlich die Freude
mit der Unschuld des Alters um mich verbreitet zu sehen. Die Zuseher selbst theilten
diese Freude, und ich hatte noch das Vergnügen, daß sie mein Werk war.

Als ich diese Unterhaltung mit jener, die
ich verlassen hatte, verglich, so fühlte ich mit
Zufriedenheit den Unterschied zwischen den
natürlichen Vergnügungen eines gesunden
Ge-

Geſchmacks und jenen, welche nur der Reich=
thum gewährt, die immer mit Spott und
Verachtung verbunden ſind. Denn was für
eine Freude kann man haben zu ſehen, wie
ganze Haufen Menſchen, die das Elend
niederträchtig gemacht hat, ſich herumſtoßen
und ſchlagen, um ſich einige Stücke Gewürz=
kuchen zu entreiſſen, die mit Füßen getreten
und mit Koth bedeckt ſind?

Da ich nachdachte über die Art von Wol=
luſt, welche ich bei ſolchen Gelegenheiten
empfinde, ſo fand ich, daß ſie weniger in
einem Gefühl von Wohlthätigkeit, als in
dem Vergnügen, fröliche Mienen zu ſehen,
beſtehe. Dieſer Anblick hat für mich eine
Luſt, die blos ein Werk des äußerlichen
Eindrucks zu ſeyn ſcheint, wiewohl ſie bis
in mein Herz dringt. Wenn ich die Freude,
die ich verurſache, nicht ſehe, ſo empfind'
ich ſie nur halb. Dieß iſt für mich ein
uneigennütziges Vergnügen; es hängt nicht
von dem Antheil ab, den ich daran habe.
Denn bei den Feſten des Volkes erfreute
mich immer der Anblick frölicher Geſichter.

Q 3   Jn

In Frankreich hofte ich das oft umfonft;
diefe Nation, die ſich für ſo frölich ausgiebt,
zeigt diefe Frölichkeit wenig bei ihren Luſt=
barkeiten. Ich gieng ſonſt oft in die Wirthſ=
gärten, um die gemeinen Leute tanzen zu
ſehen; aber ihre Tänze ſind ſo abgeſchmackt,
ihre Gebärden ſo matt, unbedeutend und
ungeſchickt, daß ich eher verdrüßlich als lu=
ſtig dabei ward. Zu Genf aber und in der
Schweiz, wo das Lachen nicht unaufhörlich
in albernen Neckercien ausdünſtet, athmet
alles Luſt und Frölichkeit bei den Feſten.
Man ſiehet da weder die häßliche Geſtalt
des Elends, noch die Frechheit der Pracht
und des Luxus. Behaglichkeit, Brüderſinn
und Eintracht ſtimmen da die Herzen zur
Freude, und in den Entzückungen eines
unſchuldigen Vergnügens umarmen ſich oft
Unbekannte, und laden ſich zum Genuß des
Freudentages ein. Um an dieſen angeneh=
men Feſten Theil zu nehmen, darf ich ſie
nur ſehen, und ich bin verſichert, daß es
unter ſo vielen frölichen Mienen kein fröli=
cheres Herz giebt, als das meinige.

Wie=

Wiewohl dieß blos ein Vergnügen der äußern Empfindlichkeit ist, so hat es doch eine moralische Ursache. Denn warum würden sonst die nämlichen Zeichen der Freude auf dem Angesicht eines Bösewichts, wenn ihm ein Streich seiner Bosheit gelungen, statt mir zu gefallen, mich mit Schmerz und Unwillen erfüllen? Nur die Zeichen unschuldiger Freude thun meinem Herzen wohl; grausame, spöttische Zufriedenheit verwundet es, wenn sie mich schon nichts angeht. Diese Zeichen sind sich ohne Zweifel nicht ganz gleich, da sie aus so verschiedenen Quellen entspringen; aber doch sind beide Zeichen der Freude, und ihre merkbare Verschiedenheit ist gewiß in keinem Verhältniß mit der Verschiedenheit der Bewegungen, die sie in mir hervorbringen.

Zeichen des Schmerzens und Leidens sind mir noch empfindlicher, so, daß ich sie unmöglich sehen kann, ohne das nämliche zu fühlen, dessen Bedeutung sie sind. Mit Hülfe meiner Einbildungskraft versezt mich

Q 4   meine

meine Empfindlichkeit ganz in die Lage des Leidenden, und verursacht mir oft größere Qual, als er selbst duldet. Ein unzufriedenes Gesicht ist auch noch ein Anblick, den ich unmöglich ertragen, besonders wenn es mich angehen kann. Man sollte nicht glauben, wie manchen Thaler mir die mürrische, trotzige Miene der Bedienten abgetrozt hat, als ich vormals thörichterweise in die Häuser der Großen mich schleppen ließ, wo mich die Bedienten die Gastfreiheit ihrer Herren theuer bezahlen ließen. Sinnliche Gegenstände hatten stets zu viel Gewalt auf mich, besonders wenn sie Merkmale des Vergnügens oder Schmerzens, des Wohlwollens oder Widerwillens an sich tragen; ich überlasse mich diesen äußern Eindrücken, und kann mich ihnen nicht anders entziehen als durch die Flucht. Ein Zeichen, eine Gebärde, ein Blick von einem Unbekannten kann meine Zufriedenheit stören oder meinen Schmerzen lindern. Nur wenn ich allein bin, bin ich mein, sonst aber immer das Spielwerk derer, die mich umgeben.

Ehe=

Ehemals lebte ich mit Vergnügen in der Welt, als ich in allen Augen Wohlwollen oder höchstens Gleichgültigkeit bei denen, die mich nicht kannten, erblickte; izt aber, da man sich eben so sehr bemühet, dem Volke mein Gesicht bekannt zu machen, als ihm meinen Karakter zu verhüllen, kann ich nicht den Fuß vor die Thüre setzen, ohne mich von peinigenden Gegenständen umgeben zu sehen. Ich eile auf's freie Feld, und da erhol' ich mich wieder. Kann man sich verwundern, daß ich die Einsamkeit liebe? Ich sehe nichts als Groll in den Augen der Menschen, und die Natur lächelt mir immer.

Doch muß ich gestehen, daß ich noch mit Vergnügen unter Menschen bin, so lange sie mich nicht kennen. Aber man läßt mir dieß Vergnügen nicht. Noch vor etlichen Jahren gieng ich gern durch die Dörfer, und sah' den Landleuten zu, wie sie am frühen Morgen ihre Werkzeuge zurechtmachten, oder wie die Weiber mit ihren

Kindern

Kindern auf der Thürschwelle saßen. Dieser
Anblick hatte etwas rührendes für mich.
Oft blieb ich stehen, ohne es zu bemerken,
betrachtete die Geschäftigkeit dieser guten
Leute, und seufzte, ohne zu wissen, warum.
Ich weiß nicht, ob man diese kleine Freude
wahrgenommen und mir sie auch hat rauben
wollen; aber die Veränderung auf den Ge=
sichtern, wenn ich vorübergehe, und der
Blick, mit welchem man mich ansiehet,
überzeugen mich, daß man mir dieß incognito benommen hat. Das nämliche
widerfuhr mir auf eine noch merklichere Art
bei den Invaliden. Diese schöne Einrich=
tung hat mich immer interessirt. Nie sehe
ich ohne Rührung und Ehrfurcht diese
Gruppen von guten Alten, die sagen kön=
nen, wie jene von Sparta: Wir waren
ehemals jung, tapfer und kühn.

Einer meiner liebsten Spaziergänge war
um die Militärschule; da fand ich manch=
mal mit Vergnügen einige Invaliden, die
mich nach ihrer alten soldatischen Höflichkeit
grüßten.

grüßten. Dieſer Gruß, den ihnen mein
Herz hundertfach wiedergab, that mir wohl
und vergrößerte mein Vergnügen. Da ich
von allem, was mich rührt, nichts verbergen
kann, ſo ſprach ich oft von den Invaliden,
und was ich bei ihrem Anblick empfände.
Das war genug. Nach einiger Zeit be=
merkte ich, daß ich ihnen nicht mehr un=
bekannt war, oder vielmehr, daß ich ihnen
noch unbekannter war, weil ſie mich mit
den nämlichen Augen anſahen, wie das
Publikum. Höflichkeit und Gruß hörten
auf; eine trotzige Miene, ein wilder Blick
war an ihre Stelle getreten. Die alte Frei=
müthigkeit ihres Standes erlaubte ihnen
nicht, wie anderen, ihren Groll in eine
ſpöttiſche, verrätheriſche Hülle zu verſtecken,
und ſie zeigten mir den heftigſten Haß. So
groß iſt mein Elend, daß ich gezwungen
bin, diejenigen, welche ihre Wuth am
wenigſten verſtellen, in meiner Achtung
auszuzeichnen.

Von dieſer Zeit an gehe ich nicht mehr
ſo gern zu den Invaliden ſpazieren; da
aber unterdeſſen meine Geſinnungen gegen
ſie nicht von den ihrigen gegen mich abhän=
gen, ſo ſehe ich nie ohne Hochſchätzung
dieſe alten Vertheidiger ihres Vaterlandes;
doch iſt es hart, die Gerechtigkeit, die ich
ihnen wiederfahren laſſe, von ihnen ſo ver=
golten zu ſehen. Wenn ich von ohngefähr
noch einen antreffe, der dem allgemeinen
Unterricht entgangen iſt, oder, weil er meine
Geſtalt nicht kennt, mir keinen Haß zeigt,
ſo entſchädigt mich der Gruß dieſes einzigen
wegen dem Betragen der andern. Ich ver=
geſſe ſie, um mich ganz allein mit ihm zu
beſchäftigen, und ich bilde mir ein, er habe
eine von den Seelen, wie die meinige, wo
der Haß keinen Eingang findet. Noch vor
einem Jahre hatte ich dieß Vergnügen, da
ich über das Waſſer fuhr, um auf der
Schwaneninſel ſpazieren zu gehen. Ein
armer, alter Invalide wartete in einem
Kahn auf Geſellſchaft, um über zu ſchiffen.
Ich kam dazu, und ſagte dem Schiffer, daß
er

er abfahren sollte. Der Fluß war stark und
die Uiberfahrt lang. Ich hatte kaum das
Herz den Invaliden anzureden, aus Furcht
einer übeln Begegnung; aber seine höfliche,
ehrliche Miene gab mir den Muth. Wir
plauderten. Er schien mir ein Mann von
Verstand und Sitten. Ich erstaunte und
freute mich über seinen offnen, angenehmen
Ton. So viel Güte war mir etwas unge=
wöhnliches. Mein Erstaunen hörte auf, als
ich vernahm, daß er allererst aus einer Pro=
vinz angekommen war. Man hatte ihm
meine Figur noch nicht gezeigt und keinen
Unterricht gegeben. Ich machte mir dieß
incognito zu Nutz, um einige Augenblicke
mit einem Menschen umzugehen, und ich
fühlte durch die Freude, die ich dabei hatte,
wie sehr die Seltenheit den Werth auch der
gemeinsten Vergnügen erhöhen kann. Da
wir aus dem Kahne stiegen, langte er seine
paar Pfenninge hervor. Ich zahlte die
Uiberfahrt, bat ihn, wieder einzustecken,
und zitterte, ihn dadurch aufzubringen. Es
eschah' aber nicht, sondern er schien viel=

mehr

mehr für meine Aufmerksamkeit erkenntlich
und noch weit mehr, als ich ihm, weil er
älter war, als ich, aus dem Kahne steigen
half. Wer sollte glauben, daß ich so kin=
disch war, vor Freude zu weinen? Ich
hätte ihm so gern ein Vier und zwanzig
Solsstück in die Hand gesteckt, aber ich
wagte es nicht. Die nämliche Schaam hat
mich schon oft verhindert, ein gutes Werk
zu thun, das mir Freude verursacht haben
würde, aber ich enthielt mich dessen und
beweinte meine Schwachheit. Dießmal trö=
stete ich mich mit dem Gedanken, daß ich
so zu sagen gegen meine eignen Grundsätze
gehandelt haben würde, wenn ich Höfich=
keitsbezeugungen mit Geld begleitet und
dadurch ihren edeln Werth verringert hätte.
Man muß ohne Verzug dem Hülfbedürfti=
gen beispringen; aber in dem gemeinen
Wandel des Lebens sollten wir die natürliche
Wohlthätigkeit und Höflichkeit ihr Werk ver=
richten lassen, ohne daß etwas feiles, mer=
kantilisches diese so reine Quelle berühren und
verunreinigen dürfte. Man sagt, daß der
Pöbel

Pöbel in Holland sich bezahlen läßt, wenn er einem die Stunde sagt oder den Weg zeigt. Das muß ein verächtliches Volk seyn, das mit den gemeinsten Pflichten der Menschlichkeit einen Handel treibt.

Ich habe bemerkt, daß man nur in Europa die Gastfreiheit verkauft. In ganz Asien beherbergt man einen umsonst. Freilich findet man da nicht so alle Bequemlichkeiten; aber ist das nichts, wenn man zu sich sagen kann: Ich bin ein Mensch und von meinen Brüdern aufgenommen. Die Menschlichkeit allein giebt mir dieß Obdach. Man vermißt gerne kleine Gemächlichkeiten, wenn das Herz besser bewirthet wird, als der Körper.

Zehn

Zehnter Spaziergang.

Heute am Palmsonntage sind es gerade fünfzig Jahre, daß ich die Madame Warens kennen lernte. Sie war damals acht und zwanzig Jahre alt, denn sie gieng mit dem Jahrhundert. Ich hatte noch nicht volle siebenzehen Jahre, und mein aufkeimendes Temperament, das ich aber noch nicht kannte, gab meinem von Natur lebenvollen Herzen noch mehr Wärme. Wenn es nicht zu verwundern war, daß sie einem jungen, lebhaften aber sanften und sittsamen

ziem-

ziemlich gut gebildeten Menschen wohlwollte,
so war's noch weniger ein Wunder, daß
eine reizende Frau, voll Geist und Anmuth,
mir mit Dankbarkeit auch zärtlichere Em=
pfindungen einflößte, die ich nicht davon
unterschied. Aber das sonderbarste ist, daß
dieser erste Augenblick für mein ganzes Leben
über mich entschied, und durch eine unver=
meidliche Folge mein Schicksal nach sich zog.
Meine Seele, deren kostbarste Kräfte durch
meine Organe noch nicht entwickelt waren,
hatte noch keine bestimmte Gestalt. Sie
erwartete in einer gewissen Ungeduld den
Augenblick, der sie ihr geben sollte, und
dieser Augenblick, den diese Bekanntschaft
beschleunigte, kam doch noch nicht so bald;
in der Einfalt der Sitten, die mir meine
Erziehung gegeben hatte, sahe ich den wol=
lustvollen Zustand sich für mich verlängern,

R   in

in welchem Unschuld und Liebe dasselbe Herz
bewohnen. Sie entfernte mich von sich.
Alles rief mich zu ihr zurück. Ich mußte
zu ihr. Diese Rückkehr bestimmte mein
Schicksal, und lange zuvor, ehe ich zu
ihrem Besitz gelangte, lebte ich nur für sie
und in ihr. Ach! wenn ich ihr Herz so ganz
hätte erfüllen können, wie sie das mei=
nige! welche ruhige, selige Tage würden
wir beisammen gelebt haben! wir hatten
deren, aber wie kurz und schnell waren sie
und welch ein Schicksal folgte ihnen! Es
vergeht kein Tag, an welchem ich mich
nicht mit Freude und Rührung dieser ein=
zigen und kurzen Zeit meines Lebens er=
innere, wo ich ganz mein war, ohne Ver=
mischung und Hinderniß, und wo ich wahr=
haft sagen kann, daß ich gelebt habe. Bei=
nahe, wie jener Präfekt des Prätoriums,

der

der unter dem Vespasian in Ungnade fiel und sein Leben auf dem Lande zuzubringen beschloß, kann ich sagen: Ich habe sieb benzig Jahre auf der Erde zugebracht, aber nur sieben Jahre gelebt. Ohne diesen kurzen aber kostbaren Zeitraum wär ich vielleicht ungewiß in Betref meiner selbst geblieben. Denn durch mein ganzes übriges Leben ward ich dergestalten umhergetrieben von den Leidenschaften andrer, daß ich mich beinahe in einem so stürmischen Leben blos leidend verhielt und izt kaum wahrnehmen könnte, was in meinem eignen Betragen von dem meinigen ist, so schwer war die Nothwendigkeit über mir. Aber in diesen wenigen Jahren geliebt von einer gefälligen, sanftmüthigen Frau, that und war ich, was ich thun und seyn wollte; ich verwendete meine Muße dahin, daß ich, mit Hülfe

ihrer

ihrer Lehren und ihres Beispiels, meiner noch neuen und simpeln Seele die Gestalt gab, die sich am besten für sie schickte und ihr immer blieb. Die Neigung zur Einsamkeit und Betrachtung entstand in meinem Herzen mit seinen zärtlichen Empfindungen, die seine Nahrung seyn sollten. Der Lärm und die Unruhe unterdrücken und ersticken sie, der Friede und die Ruhe geben ihnen Leben und Stärke. Ich muß mich in mich sammeln, um zu lieben. Ich überredete die Mama auf dem Lande zu leben. Ein einsames Haus an der Seite eines Thales war unsre Freistatt, und da genoß ich in vier oder fünf Jahren des Lebens von einem Jahrhundert, und eines reinen, vollen Glückes, das noch mein gegenwärtiges schreckliches Schicksal versüßt. Ich hatte einer Freundinn nach meinem

Her,

Herzen nöthig, ich besaß sie. Ich sehnte
mich nach dem Landleben, ich hatte es erhalten. Ich konnte keine Unterwürfigkeit
leiden, ich war vollkommen frei, und besser als frei, denn meine Neigung allein
fesselte mich, und ich that nichts, als was
ich wollte. Sorgen der Liebe und ländliche
Beschäftigungen erfüllten meine ganze Zeit.
Ich wünschte nichts, als die Dauer eines
so glücklichen Zustandes; mein einziger
Verdruß war die Furcht, daß er nicht
lange dauern möchte, und diese Furcht, die
aus dem Zwang unsrer Lage entstand', war
nicht ohne Grund. Von der Zeit an dacht'
ich mich wegen dieser Unruhe zu zerstreuen
und mir Hülfsquellen gegen ihre Folgen
zu verschaffen. Ich glaubte, daß ein Vorrath von Talente die sicherste Hülfe gegen
das Elend sei, und faßte den Entschluß,

meine

meine Zeit dazu anzuwenden, daß ich einst, wo möglich, im stande seyn könnte, der besten Frau den Beistand wieder zu vergelten, den ich von ihr erhalten hatte. —